市民政治の育てかた

新潟が吹かせたデモクラシーの風

佐々木 寛 著

大月書店

はじめに――「観客民主主義」から「参加民主主義」へ

２０１６年7月10日、参議院選挙の投開票日の夜。私は新潟市内の選挙事務所で、たくさんのテレビカメラの前でこれから語る敗戦のコメントを考えていました。その少し前、選対事務所の老練のスタッフから、こう告げられていたからです。

「選挙は敗けかたも大切です。敗けたときは、誰彼が悪いとは決して言わないことです。そうではなく、〝すべて自分の力不足でした〟と言わなければいけません」

「そんなものなのか……」と他人事のように聞きながら、自分がこの選挙全体の責任を問われる立場であることを、あらためて認識させられました。

敗北コメントを考えながら、なぜか腹痛が止まらなくなり、人で埋め尽くされた事務所の隅のトイレに何度も出たり入ったりしていました。私にとって、選挙にまつわるすべてのことが初体験でしたが、こんなに短時間に何度トイレに行っても治まらない、そんな腹痛も、人生ではじめてでした。

夜が更け、99％まで開票が進んでも「当確」のテロップは出ません。インターネットで開票速報をチェックしている支持者からどよめきが起こるたびに、会場に緊張が走りました。そうして、午前零時も迫るころになって、ついに私たちの推す森ゆうこ候補の「当確」の報が飛び込んできたのです。

開票結果は56万4２9票対55万８１5０票。その差はわずかに２２79票、まさに首の皮一枚での勝利でした。これが、私が体験したはじめての選挙の勝利の瞬間でした。

思い返せば、安保関連法案が国会で強行採決された２０１5年の末、新潟の仲間たちとともに「市民連合＠新潟」を立ち上げたのが出発点でした。その後、数々の困難を経て参議院選挙での候補者一本化を実現し、森ゆうこ候補を当選させることができました。さらにその直後、想定外に新潟県知事選挙にまでかかわることになりましたが、この選挙でも、私たちの擁立した米山隆一候補を当選させることができました。いまから思えば、最初の参院選で市民と野党の協力による勝利がなければ、その次の新潟知事選の勝利もなかったと思います。

当時、このふたつの選挙の結果は「新潟ショック」といった言いかたもされました。たしかに、保守王国とされる新潟で、しかも県知事選では野党第一党の民進党と、その支持母体である連合の支援も得られなかったのに、「一強」を誇る自民党の候補者を破ったのですから、多くの人には予想外だったでしょう。おかげで私には「どうして新潟では勝てたのか？」という取材や講演依頼が、以降ひっきりなしに来るようになりました。この本の内容は、そうしたところでお話ししたものや書いてきたことをひとつにまとめたものです。


私は政治の研究を職業としている政治学者ですが、「政治」という単語に、日々の暮らしと縁遠いとか、難しい、怖いといった印象をもつ方が多いことは承知しています。また、政治や社会の問題にある程度関心がある人でも、実際の選挙のときに特定の候補者のチラシをまいたり、知り合いに働きかけをしたりという経験がある方は、より少数派だと思います。なにかそういうことは特殊な人、政党に参加している人だけがするものという意識が日本には根強くあります。しかし、それでは永遠に「観客民主主義」から脱することはできません。

新潟の市民は、一歩早くそこを卒業し、自分たちが責任をもって参加する「参加民主主義」

に足を踏み入れました。政党や組織の利害にとらわれない市民が、自分自身の心配ごとを解決するために、しっかりと政治に関与していく。これはとても大事な態度です。そういう市民が大活躍したのが2016年の新潟のふたつの選挙でした。

政治学者という肩書きで今回のように選挙運動にかかわると、対照的なふたつの反応に出会います。ひとつは「政治学者なのだから、選挙にも詳しくて、勝てる方法を知っているはずだ」というもの。残念ながらこれは大いなる誤解です。もうひとつは逆に、「学者のくせに実際の選挙運動に参加するなんて。研究者が客観的な視点を捨てて一方の立場に立ってしまったらおしまいだ」といったもの。もっといえば「あの人は政治学者ではなく政治家になってしまった」などという反応です。

今回の選挙に私がかかわったのは、ある意味では成り行きというか、それまでにも地域のさまざまな市民活動や平和運動にかかわっているうちに、自然と巻き込まれてしまったという面もあります。しかし一方で、政治を研究してきた者として、昨今の危険な政治状況を前にただ分析し評論しているだけでいいのか、政治学者である前にひとりの市民であり、新潟というコミュニティの一員として、ここで行動しなければ子どもや孫の世代に申し訳が立たない、という気持ちがありました。

とはいえ、どこまで自分の立場を鮮明にすべきかという迷い、いわば学者という立場と市民という立場のジレンマは、いまでも克服されていません。

大学で政治学を学ぼうとする学生にとっては基本文献とも言える本に、マックス・ウェーバーというドイツの社会学者が書いた『職業としての学問』と『職業としての政治』という2冊の本があります。

『職業としての学問』のほうを読むと、若い読者はかなり愕然《がくぜん》とさせられるでしょう。学者とは、その研究が社会の役に立つかどうかといった評価とは無関係に、いわば職人的に、ひたすら真理の追究に邁進《まいしん》するべきだ。社会の現状のことはいったん視界の外に追いやって、言ってみれば象牙の塔にこもって研究に打ち込むべきだ、とウェーバー先生は言っています。ほとんど討ち死にする覚悟でやれと言わんばかりで、真実味と迫力はあるのですが、これを読むと正直、学者になどなりたくないなあ、と思わせられます。

一方、『職業としての政治』のほうは、題名の通り政治家について書いているのですが、これまた、さらに暗い気持ちになる本です。政治家とは、ときに悪魔とも手を結ぶつもりでやらなくてはいけない。純粋な動機でとか、良かれと思ってとか、そういう本人の意図とは関係なく、とにかく結果こそが重要だ。ごくごく簡単に言うと、そんなことが書いてあります。これまた、読むと政治家になどはなりたくなくなるという本です。

しかし、『職業としての政治学者』という本はまだありません。私の恩師である高畠通敏《みちとし》さんが書いた同名の論文があるだけです。今回の私のように、目の前にある政治的なイシューにかかわらざるをえなくなったとき、政治学者はどう行動するべきか。いまも自問自答していますが、答えは見つかっていません。ある意味、これから読んでいただくこの本が、私なりのとりあえずの回答だと言えるかもしれません。

日本語で「者」のつく仕事を挙げてみると、易者、医者、記者……と、いずれも「みる仕事」だといえます。いわば岡目八目《おかめはちもく》、少し遠くから離れて見ることで、客観的に見えることがあるのは事実です。対して「家」とつくのは、音楽家、小説家、政治家……など、なにかを「創りだす仕事」です。私は「学者」なので、あくまで「みる」立場のはずなのですが、自分自身が政治そのものである選挙運動にコミットした。これは学者という職業の本来の「分」をはみ出た行為だと言えるかもしれません。

他方では、こう言うと傲慢かもしれませんが、実際に選挙にかかわってから、既存の政治学の教科書や政治評論を読んでも、なんとも表面的で陳腐なもののようにも見えてきました。「やってみたこともないくせに、いいかげんなことをよく言うよ」「実際は違う話なのになあ」などと、つい思ってしまいます。もしかしたら、私自身がこれまで政治について語ってきたことも傍《はた》からはそう見えていたのかもしれません。

また逆に、実際に足を踏み入れてみると、現実の政治の世界とはなんと低次元な、泥臭い人間関係によって動いているのか。もっと合理的に、スマートにできないものかと思うことも多々ありました。

結果的に、私はいま「学問」と「政治」のふたつの世界にかかわっていますが、結論から言えば、双方にかかわったほうが間違いなく広くものを見ることができます。実際を知らずに机の上で書いている議論は弱い。政治学者こそ実際の政治に参加すべきで、その中で揉まれながら選挙や民主主義について考えたほうがいい。いまは確信をもってそう思います。

もちろんこれは、政治学を職業とする人に限りません。誰もかれもが評論家風に政治を語り、これだから政治家は信用できない、政治なんて汚いことばかりだと言って、現実の泥にまみれるような政治の場を避けていると、結局のところ政治は一部の職業政治家の好き勝手にされてしまい、誰も望んでいないような政策を勝手に実行されてしまうかもしれません。「観客」がどんなに増えても、アクターとして「参加」する市民が増えていかなければ、民主主義は機能しないのです。
市民として政治を恐れず、積極的にかかわることで新しい社会を創っていくというのは、現在もっとも大切で、かつ有意義なことなのではないかと思います。そのために、私自身が新潟のふたつの選挙を通じて体験しながら学んだことを、この本で皆さんにお伝えできればこれほど嬉しいことはありません。

著者

＊本書に登場する人物の所属・肩書き、団体の名称等はいずれも当時のものです。
「生活の党と山本太郎となかまたち」は「生活の党」と略しました。

市民政治の育てかた　目次

2章　原発再稼働を問うた新潟県知事選

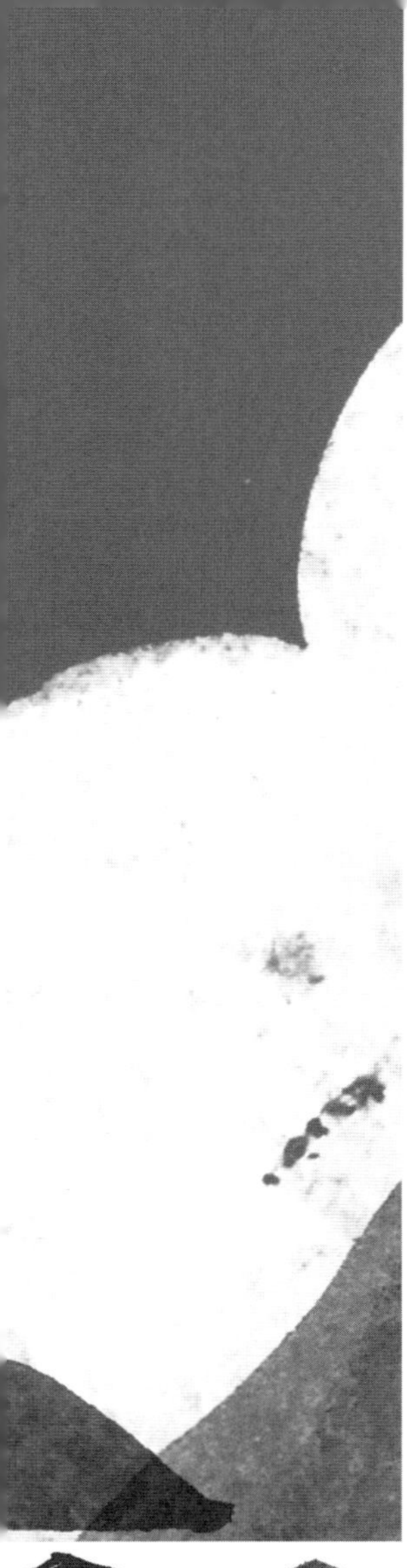

1章　「新潟の奇跡」はいかにして実現したか

新潟県地図

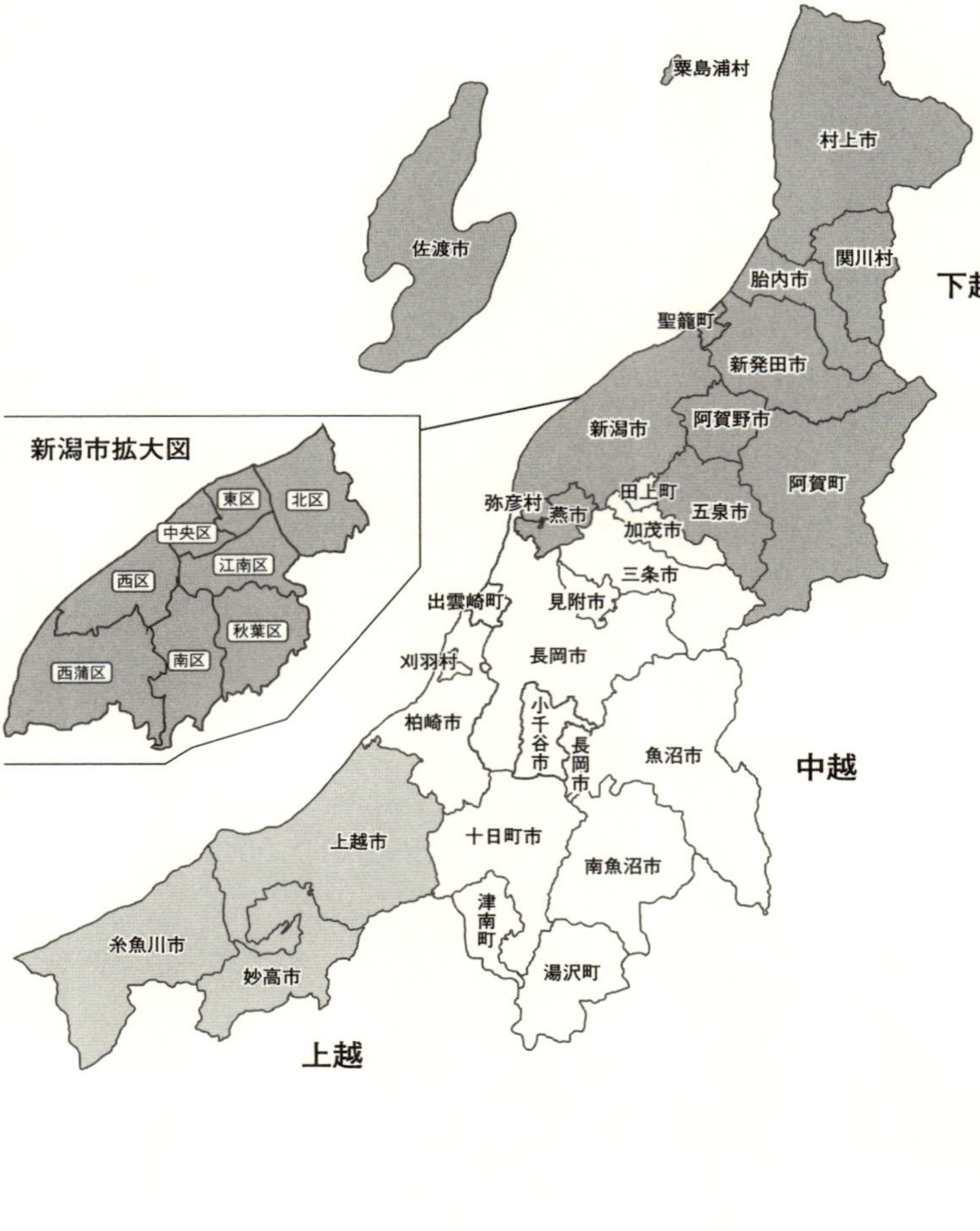

粟島浦村
村上市
佐渡市
関川村
胎内市
下越
聖籠町
新発田市
新潟市拡大図
東区
北区
中央区
江南区
西区
秋葉区
南区
西蒲区
新潟市
阿賀野市
阿賀町
田上町
弥彦村
燕市
五泉市
加茂市
三条市
見附市
出雲崎町
長岡市
刈羽村
柏崎市
小千谷市
長岡市
魚沼市
中越
上越市
十日町市
南魚沼市
津南町
糸魚川市
妙高市
湯沢町
上越

1　「新しい政治」が生まれている

3・11以降の「新しい政治」

「新しい政治」とは何でしょうか。簡単に言えば、私たち市民――本書では、政治を職業や専門にしない、自分の仕事があり家庭があるような、ふつうの生活者という意味で使います――が、候補者擁立や選挙活動に関与し、政治家を監視するだけでなくて、ときにはそれを生み出し育てる。そういうふうに、政治的な領域に市民が積極的にかかわるようになったということです。

「新しい」と表現しましたが、「新しい」ものとは多くの場合、古いもののくり返しであって、「古くて新しい」、いわば忘れていたものを取り戻していることが多いとも言えます。

とくに、私が見るところ、2011年の3・11原発事故以降、「このまま政治を放っておいたらとんでもないことになる」と思った人たちが、国会前に集まったり、それぞれの地元で広場や路上に出たりしはじめた。これまでのような「お任せ民主主義」や「観客民主主義」のままでは、もっとひどい時代になって、自分たちの生活や安全も守れないのではないか。そういうふうに、ふつうの人々がやっと気づきはじめたということだと思うのです。

近ごろは「ポスト真実《トゥルース》」といった言葉も世界的な流行語になっています。客観的なファクト（事実）に基づいていないのに、言葉の強い人が「こうだ」と言えば皆がそれになびいてしまう。現実や事実ではなく、権力者の意向や、大衆が抱く一時的な願望やイメージが優先する世界です。政治とは、つねに現実の人々の生活を左右するものですから、それで不利益を被る人や、意思決定から排除される人たちはたまったものではありません。

〝市民政治〟というのは、このような自由主義社会を成り立たせている最低限の約束ごとや人間の尊厳が侵されたときに、それを正すために、市民みずからが政治にコミットしていくということです。

2013年の特定秘密保護法や2017年の共謀罪、とりわけ2015年の安保法制の強引な採決は、いずれも日本のありかたを左右する重要な問題であったにもかかわらず、政府・与党が野党や国民との熟議や民主的なプロセスを軽視したことに問題がありました。「勝てば官軍」、一度選挙に勝てばその議席をもって何をしてもいい、というような考えかたは政治的にきわめて未熟で、本来の民主主義の理念とはほど遠いところにあります。数多くの若者や一般市民が国会前のデモに足を運んだのは、さすがにそこまで侮辱されても黙っている国民ばかりではなかったということです。

３・11の原発事故は「第二の敗戦」とも言われました。東京電力福島第一原発の事故によって、思いがけず愛する故郷を根こそぎ奪われた人たちの尊厳は、いまだ十分に回復されていません。さらに、一歩間違えれば首都圏も人が住めない地域になりかねなかったという意味でも、戦後最大の日本の危機でした。しかし、その危機の根源的な意味やリアリティについて、いまだ十分な反省と認識がないまま、近年ふたたびこの国では第二の「安全神話」が形成されているようにも見えます。大きな力や流れに任せていれば何とかなるという思想的な惰性《だせい》は、国民一般やエリート層にも根強いものがあります。その意味では、「ポスト真実」の政治はトランプ大統領のアメリカから始まったのではなく、すでにそれ以前に日本の「安全神話」や「お任せ政治」の中にあったといえます。

しかし一方では、「神話」に安住することなく、自分たちの生活や安全をまずは自分たちでリアルに考えてみるという自立的な気風もまた、3・11以後に徐々に育まれていると思います。

安保法制が市民に壁を越えさせた

ここで〝市民社会〟という言葉と〝市民政治〟という言葉の意味するところを、あえて区別しておきましょう。〝市民社会〟とは、国家に代表される制度的な政治とは独立したところに市民の領域がある、むしろそこから離れていることに価値があるというニュアンスのある言葉です。対して〝市民政治〟は、そこに加わっている市民が、選挙や政治にコミットする役割ももっているということを意味します。政治家を選ぶと同時に、選ばれた政治家を監視する役割も市民が果たしていく。そういう意味で私はこの言葉を使っています。

日本で「市民運動」というと、たとえばなにかの政策や法案に反対して集まり、デモをしたりするものが一般にイメージされるでしょう。当然、政党と関係のある人が参加していることも多いのですが、市民運動が直接選挙に関与して、ときには既存の政党とやりとりしながら候補者を押し出すということは、近年それほど一般的ではありませんでした。選挙は政党の領域、個別の政策について要求するのは市民運動という一定の線引きがなされていたのです。しかし、そこに大きな変化をもたらすきっかけとなったのが、2015年の安全保障関連法案への反対運動でした。

立憲主義（憲法の規定によって国家権力の行使に歯止めをかけるという考えかた）という、政治的な意見の相違を超えた民主主義の基本ルールが脅かされたことへの危機感から、全国で何十万人もの人々がデモや集会に参加し、国会で法案に反対する野党を応援しました。そして、国会論戦であらわになったさまざまな矛盾・破綻にもかかわらず、この法案が数の力で強行採決されたことを受けて、同法の廃止を一致点に、野党が選挙で候補者を一本化する「野党共闘」が、次なる市民運動の目標となりました。これをリードしたのは学生団体SEALDs《シールズ》や「立憲デモクラシーの会」「安全保障関連法案に反対する学者の会」などが結集した「市民連合」（安保法制の廃止と立憲主義の回復を求める市民連合）でした。それに呼応して、全国で地域ごとの「市民連合」がさまざまに立ち上がりました。

ただし、この「野党共闘」が、たんなる数合わせの選挙協力ではなかったことに注目が必要でしょう。もともと政策も理念も違うから別々の政党として活動しているのですし、選挙協力の結果として自分の党の候補者を下ろす必要も出てくるわけですから、政党にとってはかならずしも喜ばしいことばかりではありません。けれども、現在の政権の暴走をストップするにはそれしか方法がないのだ、市民がそれを願っているのだから応えてほしい、と強く訴えかけることで、政党が動かざるをえない環境を、市民からのイニシアティブでつくったことが画期的でした。

自分たちが働きかけて候補者の統一を実現したのですから、市民にとってもある種の責任が生まれてきます。統一されたからあとは政党にお任せでは、もともと競合していた政党どうしがうまく連携できるはずがありません。ですから、実際の選挙にも市民が参加し、各地でこれまでになかった新しいスタイルの選挙運動を展開しました。

私たちの新潟ではとくにそうだったようですが、市民があいだに入ることで、ギクシャクしていた政党どうしがひとつの大義のもとにまとまり、同時に、それぞれの党の利害を超えて、いまの政治がこのままでいいのかという根源的な問いを発信することができたのだと思います。

最終的に、2016年の参議院選挙では、地域ごとに協力の程度に濃淡はあるものの、一人区のすべてで候補者の統一が実現し、11の選挙区で野党側の候補者が勝利しました。もともと保守的な地方が多い一人区で、これだけの議席を獲得したことは、最終的に憲法改正をめざす安倍政権に対する大きな歯止めになったと評価していいと思います。

「技《アート》」としての市民政治

この本のテーマのひとつは、「技《アート》としての市民政治」ということです。

２０１６年参院選と、その後の新潟県知事選という「双子の選挙」の中で私は、ほんとうに毎日のように新しいことに直面し、赤ちゃんがひとつずつ世界のことを学んでいくように、多くのことを学びました。

こうした個々の知識は、実は政治学の教科書には載っていません。私が所属している政治学の学会でも、こういう市民の技や知恵を研究しようといったことは、あまりなされていません。ある状況のもとで、関与する市民が何をどう話すのか。誰にどうアプローチして、どこでどんなふうに退くのか。これは実際に経験した人にしか蓄積できないスキルであって、その経験を市民どうしで伝えあうしかないのです。私も、ささやかな経験をできるだけ広く伝えるために、こうして本にしました。実際に社会を変えていくとき、市民に必要とされるスキルとはどんなものなのか。それを書き残し、さらに読者の皆さんに発展させていってほしいと思っています。

「技」あるいは「技法」という言いかたをすると、市民運動に取り組んできた方々は違和感をもたれるかもしれません。大切なのは主張や政策を正しく訴えることで、選挙に勝つテクニックが先に立つようでは本末転倒ではないか、と。しかし、私がお伝えしたいのはそういうことではありません。

リベラルな政党や市民運動は、ともすれば「主張の中身が正しければ選挙でも勝てるはずだ」という確信が先に立ってしまいます。そうすると、勝ったときには「われわれが正しかったから勝ったのだ」といった総括になりがちです。しかし、これでは「なぜ勝てたのか」という経験値が蓄積されていきません。

大事なのは、特定の条件のもとで、どういうやりかたが有効だったのか。どういう人々が、どんな層を結集してひとつの勢力をつくり、どういう対立軸や争点のもとで選挙戦を闘い、どんな要因によって勝利したか。そうしたひとつひとつの要素を市民自身で検証し、経験を交流し、次からまた使える汎用性の高い道具に磨き上げることです。これは、選挙民を煽動されやすい大衆とみてコントロールしようとする技術とは異なります。正しい情報をもとに公正な判断のできる有権者として敬意を払いながら、どのように訴えればその判断を導き出せるかを考えることは、民主主義を機能させるために欠かせないことなのです。

2 「共闘」を可能にした新潟の風土

保守の新潟だからこそ真のデモクラシーが息づく

ここで少し時間をさかのぼって、私自身と新潟とのなれそめというか、どうやって新潟に居着くことになったのかということをお話しします。

私自身は四国の香川県の生まれですが、新潟に住んでもう18年目になります。18年も経つといろいろな人間関係や友達もできてきますが、とくに地方では、外から来た大学教員というのは地域にずっと留まるわけではないという意識がまわりの人にもあります。「先生はいつ東京に戻られるんですか」「いつまで新潟にいらっしゃるんですか」と、いつまでもお客さん扱いされる。赴任当初、これには少しショックを受けました。日本の大学教員というのは、中継地点として地方を渡り歩いて、最後は首都圏の大きな大学に落ち着く。それが当然だと本人も周囲も思っている、このしくみ自体がよくないなと、ずっと感じていました。

18年目になるとさすがに、この人はこのままずっと新潟にいるんだな、と周囲も理解してくれて、そういう前提で扱われるようになってきました。ようやく自分も地域に仲間入りできたのかなと思えたのが、家を建てたときです。私はとくに信仰はありませんが、家を建てたときには一応は棟上《むねあ》げ式をして餅をまいたりする。そうすると、それまで話したこともなかったような近所の人たちが大勢出てきて祝ってくれたりします。そういうなかでようやく少し奥座敷に入れたというのか、コミュニティの一員とみなしてもらえた実感がありました。

来てみると、新潟というのはとてもおもしろいところです。世界最大の原子力発電所がある一方で、実に豊かな自然や伝統があります。「巻町《まきまち》」という町名に聞き覚えがある方もいるかもしれません。巻町は1996年に日本で最初の住民投票をして、原発の建設を食い止めた町です。その影響を受けて、沖縄の名護市でも米軍基地をめぐる住民投票がおこなわれました。つまり住民投票発祥の地でもあるのです（同時に地ビール発祥の地でもあります）。私は海外に行くと、日本のアテナイは新潟の巻町だ、日本の直接民主主義の起源はここにあるのだ、なんて大ぼらを吹いています。

しかし反面、新潟は保守的なイメージでも見られています。なにしろ田中角栄の本拠地だったのですから。でも、戦前に大地主が幅をきかせた新潟は、同時に「木崎争議」に代表される強い農民運動の拠点のひとつでもありました。農民の自由を求める運動も昔からみられ、たとえば魚沼には、青年たちが自主的に開講したことで有名な「自由大学」の試みもありました。保守的だからこそ逆に、中央権力に簡単には従わないという伝統もあると私は考えています。デモクラシーとは、近代の制度化された民主主義のことだけではなくて、もともと地域に住む人たちが地域の問題を自分たちで話しあって解決する「自治」の中にこそ、その精神が宿っていると思います。その意味では、「自治」の伝統が強い地方にはデモクラシーの根が強く張っているともいえます。

「若者、よそ者、ばか者」が地域を変える

地域を変えるのは「若者、よそ者、ばか者」だ、とよく言われます。私は若者ではありませんが、「よそ者」で「ばか者」だというのは当てはまっているかもしれません。

今回のふたつの選挙で中心となった「市民連合@新潟」もそうです。メンバーにはもちろん生粋の新潟県人も多くいますが、福島県から自主避難してきた避難者の方など、県外出身者も活躍しています。そういった「よそ者」の刺激を受けて地元の人たちも元気になる。そうやって地域コミュニティが活性化していきます。

私はもともと、原子力や核といった巨大テクノロジーを民主主義のもとでどう管理していくかということを研究テーマにしていたのですが、福島の原発事故の後、やはりたんに研究しているだけではダメだと思い、地元の仲間たちと一緒に「おらって　にいがた市民エネルギー協議会」という団体を設立しました。太陽光発電の会社をつくり、公民館などおよそ20カ所の屋根を借りて、すでに約1メガワットの太陽光パネルを稼働させています。再生可能エネルギーを地方から成長させていくことは、原発依存をやめるために必要なことでもありますし、地方が中央から自立するための条件でもあります。

実は、私がほんとうにやりたい活動はむしろこちらのほうであって、このように地域から「新しい社会」のありかたを模索し、実現していくということなのです。しかし、それを実現しようとするときに立ちはだかるものがあるので、どちらかといえば「しかたなく」選挙にも関与し、そうしているうちにすっかり政治に巻き込まれてしまったというのが実情です。

ただ、こうした一見政治とは無関係な市民活動や地域づくりのプロジェクトへの参加が、いざ選挙のときに力を発揮するネットワークを形成してくれているのも事実です。

そして、実際の選挙に臨んで、市民の思いを引き受ける候補者を選び、激戦を闘い抜くためには、郷土への愛着、ここに骨を埋めるんだという決心が、間違いなく不可欠の要素でした。そのことはふたつの選挙にかかわった私が確信しているところです。

いま思えば少々乱暴だったかもしれませんが、選挙戦の最中しばしば私は、陣営の中で従来の組織の論理から一歩も前に踏み出そうとしない関係者に向かって、「あなたはこの新潟でずっと生きていくつもりですか？　私は、あなたがしたことを子々孫々に伝えますよ」と、いわば「恫喝《どうかつ》」したことを覚えています。この選挙には、子や孫の世代、未来の新潟の平和がかかっている。政党やイデオロギーの論理を超えて、あなたは故郷のためにいま何ができるのか……そう伝えたかったのですが、これは思いがけずとても有効でした。

民主主義の危機に、ひとりの市民として

先述のように、3・11以来、地方のエネルギー自立という理想の実現に夢中になって取り組む一方で、かねてより各種の平和運動にも参加していました。安保法制に先立ち、2014年に安倍政権がおこなった集団的自衛権行使を容認する憲法解釈の変更に反対するために、新潟では「戦争をさせない1000人委員会にいがた」が結成されていましたが、私もその共同代表のひとりでした。

そもそも、歴代の自民党政権が国会で「日本国憲法では、個別的自衛権は認めているが、集団的自衛権は認めていない。自衛隊は個別的自衛権の行使しかしないので、9条に違反する『戦力』ではない」と説明していたのに、第二次安倍政権は閣議決定でその解釈をあっさりと覆し、「日本の安全保障環境が変化しているので」集団的自衛権も行使できるのだということにしてしまいました。そして、その解釈に基づいて、自衛隊がアメリカの軍隊と一緒に海外での戦争に参加できるようにする、文字通りの「戦争法」が、2015年に上程された安全保障

関連法案でした。この法案は憲法違反の疑いが強いだけでなく、現実に自衛隊が海外で活動する上でも実効性と安全性がきわめて危ぶまれる内容でした。

何よりも、「憲法のルールに基づいて政治をおこなうことで権力の暴走を防ぐ」という立憲主義の根本を脅かす法案を、数の力で押し通してしまうことは、民主主義の正統性そのものを脅かす危険性があるわけです。これを容認しては、以後どんなルールでも破って構わないということになりかねません。

名だたる憲法学者が違憲の疑いを警告し、他のさまざまな学問分野からも批判・反対の声が上がりました。私が当時、会長を務めていた日本平和学会でも、この問題について研究者の立場から疑問点を整理した「安保法制１００の論点」を作成し、ウェブサイト上で公開しました（現在も学会ウェブサイトに載っています）。

私自身も、この状況を傍観しているわけにはいかないと強く思いました。民主主義の基本ルールが目の前で破壊されるのを何もせず傍観していたのでは、これから政治学を教えるときに「民主主義のためには一人ひとりの参加が大事です」などと言っても、学生たちはうなずいてくれるでしょうか。学者である前にひとりの市民として、少なくともＮＯという意思表示をしよう、そういう背中を学生に見せるべきだと思いました。

国会前デモから「市民と野党の共闘」へ

しかし、連日国会を包囲する何万人ものデモにもかかわらず、自民党と公明党は衆参両院の過半数を占める数の力をもって採決を強行しました。9月19日未明、国会前で、あるいはテレビの前でそのようすを見ながら、民主主義の処刑のように感じた方も多かったでしょう。私自身は大学のゼミの合宿先でそのようすを見ていました。憤りだけでなく、この社会を成り立たせている最低限の約束ごとのようなものが崩壊していく恐怖にとらわれたことを覚えています。直後に自分のフェイスブックで、賛成した議員たちの顔写真を載せて、かれらを落選させる運動をすぐに始めよう、といったことも書いていました。

国会前のデモをリードしてきたSEALDsや「学者の会」「総がかり行動実行委員会」などは直後から次の行動に移りました。「安保法制の廃止と立憲主義の回復を求める市民連合」を結成して、次なる国政選挙で野党勢力を伸ばし、与党の議席をできるだけ減らすための運動へとシフトしたのです。

現在の選挙制度や政党の勢力分布のもとでは、とくに一人区（衆議院選挙の小選挙区や、参議院選挙の一人区）で野党の候補者が競合すれば、票が分散して絶対に与党に勝てません。だから候補者を一人に絞って野党が選挙協力する以外、確実に勝つ方法はない。理想や正論だけでは現実を変えられないという、これまでの市民運動にはなかったリアリズムは特筆すべきことだと思います。

安保法案をめぐる国会の攻防を通じて野党４党（民主党・共産党・社民党・生活の党＝いずれも当時）のあいだには連携・共闘が一定程度実現し、国会を包囲するデモの「野党はがんばれ」というエールがそれを後押ししていました。

こうして、２０１６年7月に予定されていた参議院選挙に向けて、各地で「市民と野党の共闘」を最大の目標に、党派を超えた運動が結集していったのです。

「市民連合＠新潟」の始動

こうした全国的な流れのもとで、私たちの地元・新潟でも野党共闘を実現しようという機運が高まりました。強行採決直後の9月28日には、「安保関連法案に反対するママの会@新潟」の磯貝潤子さんと一緒に各政党を訪れて、参院選での候補者の統一を要請しました。

12月8日には、SEALDsメンバーの元山仁士郎くんを招いて「民主主義は終わらない」というシンポジウムを開催。新潟市の万代《ばんだい》市民会館のホールが満席になり、新潟でも安保法制反対の熱気が衰えていないことが明らかになりました。

そして12月28日に「市民連合@新潟」の結成記者会見をおこないます。ここで「三つの公約」を実現するための統一候補の必要を訴えました。「三つの公約」とは、

①現行「安全保障関連法」の廃止

②立憲主義の回復（集団的自衛権行使容認の閣議決定の撤回を含む）

③個人の尊厳を擁護する政治の実現　です。

翌1月にも2回目の記者会見をおこない、その段階で70団体175名の参加を得ることができました。こうして新潟でも、野党共闘への運動が加速していきます。

幸い新潟には「新潟県平和運動センター」などを中心に歴史的な平和運動の積み重ねがあり、さらに2015年5月以降、「総がかり行動実行委員会」という形で、従来の党派別の組織が横断的に協力する下地もできていました。これらの平和運動や各種の市民活動で日頃から横に

連携している市民はお互いの顔を知っていますから、その中で、あの人ならまとめ役になれる、といったことはおのずと決まってきます。

組織の立ち上げにあたって、東京の市民連合のスタイルや政策案はもちろん参考にしましたが、緊密に連絡をとって連携していたわけではありません。あえて「東京の」市民連合と呼ばせてもらうのは、私たちのような地方の市民連合は中央の下部組織ではなく、あくまでも同じ目標のもとに横に並んでいる関係だということを強調したいからです。

さらに言えば、新潟県内の市民連合は「市民連合＠新潟」だけではありません。新潟は広いのです。たとえば上越には上越の市民連合があるように、それぞれの地域の大小の「市民連合」が自律的に立ち上がっていました。たまたま、県庁所在地である新潟市で市民連合をつくった私たちがハブ的に機能したわけですが、それも厳密な組織構造があったわけではありません。当時、私たちが内部でした議論では、市民というのはそもそも自発的に活動を立ち上げる人たちなのだから、上下もないし相互に拘束される関係にもない。私たちとは別に上越で市民連合をやるという人たちがいるなら、まず連絡をとって会いに行き、お互いに尊重しながら連帯していけばよいのだ、ということです。

共通の大義のために結集するのと同時に、あまりガチガチに組織化しすぎず、お互いの自律性を尊重しながらゆるやかに連携していくことが大事だと感じます。

また、個々の市民連合の構成は、組織代表による参加ではなく、あくまでも個人による参加を原則にしたほうがよいと思います。会議や話しあいで、参加者が自分の組織を背負って特定の「立場」から発言するようになると、相互に協力しようという場の雰囲気が一挙に硬直してしまうからです。むしろ、自分が所属する組織などを自由に批判したりできるくらいの、おおらかな雰囲気をつくりだすことが重要だと思います。

候補者統一へ、市民からの要求

1月26日、市内の「新潟ユニゾンプラザ」で各党の候補者を全員集めて、候補者統一に向けた懇談会をおこないました。このとき各党の予定候補者として出席したのは、維新の党＝米山隆一、生活の党＝森ゆうこ、社民党＝渡辺英明、共産党＝西沢博の各氏でした。民主党（当時）からは菊田真紀子さんが予定候補と目されていましたが、民主党内で意思がまとまらず、このときはまだ出てこられない状態でした。おもしろいことに、このとき登壇した4人はいずれもその後の野党共闘の運動のなかでキーパーソンとなった人たちです。かれらが一堂に会する場で市民が候補者の統一を訴え、議員にも約束してもらう。こういう動きを市民連合が主導していったことが大きかったと思います。

もともと、誰を立候補させるかというのは政党の意思によるものであって外部からとやかく言えるものではありません。しかし安保法制をめぐる一連の流れのなかで、野党共闘を求める全国的な市民の声が社会にみなぎっていました。それをバックにしつつ、どの党ともしがらみのない私たち市民連合が統一を要求する条件があったのです。

統一候補を出すこと自体は、早い段階で市民と各党のあいだでコンセンサスがあったと思います。社民党や共産党はもちろん、民主党の支持母体である労働組合の「連合新潟」も同意してくれていました。しかし問題は、候補者を誰に絞るかです。

実質的に、統一候補になる可能性が高いのは民主党の菊田真紀子さんと生活の党の森ゆうこさんでした。共産党は当初から、野党候補の統一のためなら自党の候補を下ろす可能性を示唆していましたし、維新の党は途中で民主党（民進党）に合流してしまいました。しかし、そこから先は両党の地方組織と中央の判断、さらに本人の意思があるので、調整は容易なことではありません。

市民がハブとなって政党の意思疎通をうながす

候補者の一本化に向けて非公式のやりとりが重ねられていくなかで、市民連合@新潟の共同代表のひとりである私が、いつの間にか候補者調整のハブ役のようになっていました。

理由のひとつは、それまでも1000人委員会の共同代表を務めていたことで、社民党の県連幹事長とはすでに意思疎通がとれていたということが挙げられます。社民党は国会では少数政党ですが、民主党やその支持母体である連合とも連絡がとれる立ち位置にある。さらに、新潟の選挙では、かねてより「新潟方式」という経験があり、社民党と民主党、連合とのネットワークが機能していたのです。この「新潟方式」とは、民主党、社民党、連合、市民グループ（地域政党の緑・にいがたなど）の、主として4者が無所属候補を共同で擁立する方式のことで、すでに2002年4月の参議院補選、2004年7月の参議院選、同年10月の新潟県知事選において実施されていました。

このおかげで、共産党をのぞく野党や労働組合のあいだでは人間関係が一定できていて、コミュニケーションがとりやすかった。これは「新潟方式」の遺産だとも言えるでしょう。その際、つなぎ役に徹した社民党の功績も大きかったと思います。さらに、先述した通り、安保法制反対の「総がかり行動」を通じて社民党系・共産党系の組織の協力も一定程度積み重ねられてきました。

さらに、「連合新潟」の会長だった斎藤敏明さんがリベラルで話のわかる人だったことも大きかった。私たち市民がやろうとしていることを十二分に理解し、要望に応えてくださいました。参院選において、実は最大の功労者のひとりだったと思います。各地域の労働組合組織の代表がどのような人物で、どのような判断をするのかは、その地域の針路に大きな影響を与えます。また、たまたまですが「新潟平和運動センター」の事務局長が私の元教え子で、彼がそれまでに党派を問わず幅広い人間関係を築いていたことも功を奏しました。

当初、共産党抜きで統一しようという声もありましたが、今回は共産党も入れるべきだと私は強く主張しました。国会前の市民の声を受けて、最初に共闘へ舵を切ったのは共産党だったからです。志位委員長をはじめとする共産党中央の決断の功績でもありますが、共産党の内部でも、それまでに地方組織を通じて共闘を求める市民の声が下から集まっていたと思われます。

市民連合＠新潟がハブになった理由のもうひとつは、政党の関係者から見ると、市民連合はニュートラルな立ち位置なので、情報や相談を寄せやすかったというのがあるでしょう。もともと一定の信頼関係を築けていたこともちろん重要でした。しかし一方で、ハブの位置にいる私から見ると、政党どうしのコミュニケーションがうまくいかず、なかなか前に進まない事情もよく見えました。そういうときは個別に電話して、意思疎通をうながすこともありました。とくに共産党と他の野党関係者の「橋渡し役」は不可欠でした。

後で気がついたことですが、市民側がこのような政党間調整や候補者選定の核心部分に関与した例は、全国でもまれであったということです。これは新潟の大きな特徴のひとつだったといえます。しかし一方で、こうしたデリケートな調整は、すべての市民に開かれた場ではできないことも事実です。もちろん、情報は出せる範囲で、市民連合@新潟の運営委員会でも逐一伝えていました。運営委員会の参加者たちもそのあたりは承知していて、候補として誰がいい、誰は嫌だという議論はほとんど出なかったと思います。大事なことは、候補者が誰であれ一本化してまとまることだという合意（コンセンサス）がありました。

候補者一本化へのハードル

2月から4月にかけては、連日あちこちの政党関係者と電話で話しあい、なんとか落としどころを探ろうとする毎日でした。候補者のひとりと目された民主党の菊田さんは、当時民主党の県連代表であり、4区（新潟市・長岡市の一部と三条市・加茂市・見附市などを含む）選出の衆議院議員でもありました。参院選に出馬するということは自分の選挙区をいったん捨てることでもあり、大きな決断だったはずですが、野党第一党の県連代表としての責任も感じてのことでしょう。当時の民主党県連幹事長とも何度もやりとりをしながら、民主党内のさまざまな事情も理解できるようになってきました。

民主党は県内に一定の連合組織をもっていますが、いい意味でも悪い意味でも、選挙区ごとに君臨する国会議員が中心の組織です。そうすると、たとえば県連の幹事長の役職についていたとしても、全体の統制をとるのは簡単ではありません。全県の関係者が集まる会議（常任幹事会）の場で意思決定がなされるのですが、主権国家どうしが集まる国際会議のようなもので、会議をやってみないとどうなるかわからない。一方では、ある回に突然決まったことが全県の方針になってしまう。この常任幹事会は原則として月に一回しか開かれないので、一度決まったことは翌月まで容易に覆すことができません。このような多元的で大きな組織であるがゆえの鈍重さは否めませんでした。流動する政治状況のなかで、柔軟で小回りの利く対応が必要な野党共闘にとっては、それが足を引っ張ることにもなりかねない。2016年参院選では新潟も含む全国の一人区で候補者統一への努力が重ねられましたが、ほとんどの地域で、こうした問題が共通に存在したと思われます。

候補者一本化のプロセスのなかには、今後の野党共闘に影響を与えてしまうおそれもあるので、まだ本書では語ることができない内容も多くあります。しかし、民主党のみならず、すべての政党にとっての共通の課題として、党中央の方針と各地域の事情との葛藤の問題が指摘できます。

どの党も、選挙戦、とくに候補者の絞り込みにおいては党中央（執行部）の方針が決定的ですが、同時にどの党でも、かならずしも執行部の方針が100％一方的に押しつけられるわけではありません。執行部はそれぞれの地域から情報を得て判断しています。その際に問われるのは、まさに「党内民主主義」がどれだけ機能しているのかということです。私が知りうる限り、各政党の県レベルの関係者は、できうる範囲で、自らの地域の事情を党中央の決定に反映させようと努力していました。

候補者選定の最終局面で、私は、新潟を訪れた民主党の枝野幸男幹事長（当時）とも面会する機会を得ました。そのとき私は「地方には地方の事情があるので、それをしっかり酌《く》んで中央で決断してほしい」と伝え、枝野さんがうなずいてくださったことを思い出します。

最終的に、民主党は菊田さんの擁立を断念し、最後まで出馬の意思を曲げなかった生活の党の森ゆうこさんが候補者となりました。あのとき、もし菊田さんが野党統一候補になっていれば、参院選の勝利は民主党が主導したことになり、その後の県知事選挙の状況も大きく変わっていたでしょう。歴史にイフはありませんが、政治とはつねにそういう偶然の積み重ねのなかにあります。

こうしたやりとりの続くなか、3月27日には民主党と維新の党が合併して民進党となり、3月29日には安保法が施行されました。

市民連合@新潟と森ゆうこ候補の政策協定調印式

ついに森ゆうこさんで一本化

こうして紆余曲折《うよきょくせつ》のすえ、ようやく森さんが統一候補として決定し、7者の会議が開かれました。7者とは民進党、共産党、社民党、生活の党、緑の党、新社会党、そして労働組合の連合新潟です。国会に議席をもつ4野党だけでなく、緑の党や新社会党まで含んだのは、全国でもいちばんウイングの広い共闘体制だったかもしれません。この7者協議会はその後、実質的な選挙対策本部として定期的な会合を重ねていくことになります。

候補者の決定以降、急ピッチで政策づくり

も進められました。野党4党の政策合意がすでに出されていたので、それほど難しくはありませんでしたが、やはり原発問題については表現を工夫せざるをえませんでした。また本来なら、7者すべてと森さんのあいだで一本化した政策協定を結びたかったのですが、民進党が個別の協定を主張したために実現しませんでした。

5月7日、市民連合の総会イベントで、市民連合@新潟と森ゆうこさんとのあいだで交わされた政策協定の内容は以下の通りです。ちなみに、この協定を作成する上では、私と同じ共同代表で法律の専門家である弁護士の水内基成さんが大きな役割を果たされました。

政策協定書

2016年参議院選挙新潟県選挙区における野党統一候補の擁立等について

私たちは、2016年参議院選挙の新潟県選挙区において、森裕子氏を野党統一候補として擁立することを合意し、「安倍政権の打倒を目指す」等の2016年2月19日の5野党党首会談での合意事項をも踏まえ、共通政策や同選挙の選挙協力等について下記のとおり協定する。

記

（参院選における野党統一候補の擁立）

1　本協定の締結当事者は、２０１６年参議院選挙の新潟県選挙区において、森裕子を野党統一候補として推薦するものとし、他に既に自党に所属する者が立候補を表明している場合はこれを取り下げる。

（共通政策及び選挙公約）

2　本協定の締結当事者たる各政党は、２０１６年参議院選挙新潟県選挙区における選挙協力に当たり、次の3項目を共通政策とすることを相互に確認する。森裕子は、２０１６年参議院選挙の新潟県選挙区に立候補するに当たり、本協定の締結当事者に対し、次の3項目を選挙公約に掲げることを確約する。

（1）現行「安全保障関連法」の廃止

（2）立憲主義の回復（集団的自衛権行使容認の閣議決定の撤回を含む）

（3）個人の尊厳を擁護する政治の実現

（無所属での立候補、当選後の議員活動）

3　森裕子は、前項の立候補に当たり、無所属で立候補することを確約する。当選後の議員活動においても、当面は無所属を貫くものとし、定期的に市民連合＠新潟が主催する会合で報告を行い、県民に対する説明責任を果たすものとする。

（重要課題に関する取組姿勢）

４　森裕子は、有権者に対し、憲法改正問題、原子力発電のあり方を含むエネルギー政策、ＴＰＰ、消費税を含む税制問題、社会保障政策その他のわが国及び新潟県民にとっての重要課題に関しても、個人の尊厳の擁護、平和主義、貧困と格差の是正などの見地から、真摯かつ積極的に取り組むことを約束する。

（参院選における最大限の選挙協力）

５　本協定の締結当事者は、２０１６年参議院選挙の結果として政権与党の獲得議席数を過半数割れにすることを共通の目的とし、新潟県選挙区において森裕子を当選させるために、各々の立場で最大限の選挙協力を実施することを相互に確約する。

（衆院選における選挙協力協議）

６　本協定の締結当事者は、２０１６年に衆参同日選挙が実施される可能性が相当程度あることを踏まえ、衆議院選挙においても、政権与党の獲得議席数を過半数割れにするという共通の目的を達成するために、必要な選挙協力について誠実に協議する。

２０１６年５月７日
安保法制の廃止と立憲主義の回復を求める新潟市民連合
（略称：市民連合＠新潟）共同代表　佐々木寛
２０１６年参議院選挙新潟県選挙区立候補予定者　森　裕子

「新しい政治」の胎動

こうして候補者を統一できたことで、正直に言えば、私としては仕事をやり終えたような気分でした。４月18日、私はブログに「新しい政治について」と題して次のように投稿しています。

この間、夏の参院選に向けて、今私が住んでいる新潟で「野党統一候補」を実現すべく、「市民連合＠新潟」の共同代表として奮闘していました。「市民連合＠新潟」は昨年12月に立ち上げたので、この活動はもう約４か月になります。

いろいろありました。未知の体験ばかりでした。政治学者の端くれであるにもかかわらず、選挙や政党の内側にある生々しい実像も、ちゃんとわかっていなかったのだと思います。勉強になりました。

正直、これまで「選挙」自体には、他の政治的な争点に比べて元来あまり高い関心があったわけではありません。けれども、近年特に「一度選挙で勝てば何をやってもいい」と言わんばかりの傍若無人《ぼうじゃくぶじん》な政権が暴れまわっているので、さすがに次の選挙ではくさびを打っておかなければならないと、一人の市民として重い腰をあげたわけです。

幸い、新潟では、いくつもの偶然と関係者の努力によって、民進党・共産党・社民党・生活の党・新社会党・緑の党の野党６党が推薦する野党統一候補が実現できそうです。手前味噌になりますが、これほど包括的な野党統一候補で、かつ市民連合がその共通の場づくりに活躍した例は、全国でも稀だと思います。

全国でも進む「野党統一候補」運動の最大の功労者は、明らかに共産党です。志位和夫は今、永田町で一番光っている政治家だと言えるでしょう。しかし、陰の功労者は、皮肉にも、歴史上例を見ない程に分かり易く国民を愚弄し続けた安倍晋三かもしれません。野党を結束させたのは、他でもなく与党の強権政治自体だったと言えます。

野党（Opposition）は、文字通り、「与党に対抗する力」です。言葉を変えて言えば、「公的異議申し立て」の力です。それはデモクラシーにとって不可欠の条件です。それがなくなると、社会は全体主義に向かいます。今回の新潟も含めた「市民連合」の試みが持つ意味は、まさにこの「Opposition」の機能を社会に回復させることにあると、私は思っています。

すべての絶対的政治権力は絶対に腐敗する……。それは歴史の法則です。生命が常に新陳代謝をするように、政治権力も常に非権力者にチェックされ、相対化されなければ、社会は健全に存続できません。定期的に行われる選挙はそのためにあります。また、ひとりの市民も、その永続的な「Opposition」を形成するために、政治権力からまったく「自由」であるわけにはいきません。ここが重要です。自らが政治権力から免れていると思うことは、実は、政治権力の恰好の餌食になることでもあるからです。

さて、政治がしょせん「悪さ加減の選択」だとしても、市民が積極的に選挙活動に関わるということは、この国ではなぜかあまり良く思われていません。「市民連合@新潟」でも、今そのジレンマに悩まされています。統一候補を誕生させ、いわばそれで終わってもいいのですが、本当に「Opposition」の機能を社会に回復させるためには、その候補を現実に当選させる必要があります。M・ウェーバーの「責任倫理」というやつです。政治は結果がすべて……。良心に基づいて一生懸命やっても、結果がダメなら政治的には意味がありません。この宿命もまた、市民が共有しなければなりません。「きれいな市民」「イノセントな市民」は理念型としては存在しても、現実の政治的実践においては、そんなに簡単にはありえません。

「3・11」後、この国では、これまでデモにも行ったことがなかったような人たちが大勢、国会前や公園や広場で「公的異議申し立て」を日常的に行うようになりました。それは否定しようもなく、この国のデモクラシーが一歩前進した証です。長年の「お任せ政治」の限界が明らかになっているわけです。さらに、こういった自分の生活・生命・社会のあり方を、自分の言葉で考え、表現しようとする人々が、今度は選挙という制度的デモクラシーの場においても積極的に発信し、社会的対話を積み重ねるようになっています。もちろん、何でも「参加」すればいいってもんじゃありません。いつも政治権力に対しては、注意深く接する必要があります。

しかし、「観客＝評論家」としての市民だけがいくら居ても、結果的にデモクラシーは発展しないどころか、むしろそれを劣化させてしまうことが、だんだんと明らかになりつつあります。「デタッチメント」ではなく、「関与し、まみれる市民」。まみれて、衝突し、そして「学び合う市民」。「闘争」に参加することは、必ずしも平和に反することではありません。戦争や大規模な暴力を回避するために日常的に「闘う」ことがいかに重要か、「和」を好む日本人の私たちは、特により強く自覚する必要があると思います。

「新しい政治」といっても、古くて新しいことを、何度も何度も再発見することでしかありません。そしてその「発見」は、いつの時代も、生《なま》の政治状況の中で、その試行錯誤の中でのみ可能となります。たとえば、「選挙は選挙のプロがやる」という常識をまずくつがえす必要があります。選挙もまた、市民の深い教養や身のこなし、文化の一部として実行されなければなりません。いわば、「選挙を民主化する」わけです。

新潟でも、日本でも、この新しい市民政治はまだ始まったばかりです。これからたくさん躓《つまず》きながらも、デモクラシーが成熟する長い道程の基礎を築くことができると信じています。かつての先人たちも、勇気をもってそれを為し遂げましたが、私たちもそれに倣《なら》おうと思います。

（佐々木寛ブログ　http://sasaki-hiroshi.com/?eid=116）

3　前代未聞の〈市民＋野党〉の共闘選挙

一人ひとりが「はみ出る」勇気

4月27日、統一候補誕生を報告する記者会見を新潟市内で開きました。次頁の写真がそのときのものです。民進、生活、社民、共産、緑の党、新社会党、連合新潟、すべての代表がずらりと並んでいます。ただ、共産党の代表と、連合の会長はテーブルの両端です。なぜかといえば、共産党と一緒に並んだということになると、連合の組織内部から突き上げがくる。だから、同時に写真に写らないように両端にしたのです。バカバカしいと思われるでしょうが、実際そんな配慮をしながら、なんとか一堂に会してもらえたのです。

こうして、曲がりなりにも共闘できた秘訣はどこにあったのかとよく聞かれますが、やはり

統一候補決定の記者会見

最後は人だと感じています。政党であれ労働組合であれ、それぞれの組織を代表している人たちはどうしても組織の利害、組織の論理を背負わざるをえません。でも、その狭い利害を超えて新潟のため、地域で生きていく次世代のために何が必要なのかということを考えられる人は、そこから半歩か一歩、踏み出してくれました。

組織の論理やプライドに引きずられて機敏に動けない政党関係者には、「あちらの党は一歩も二歩も踏み出しているのだから、そちらももっと踏み出してくれ」と強く求めることもありました。

また先に述べたように、「新潟のため、子どもたちのため」という言葉も何度口にしたかわかりません。組織の論理を上回る郷土の論理。これはおそらく東京では通用しないかもしれませんが、新潟では有効だったと思います。

別の言いかたをすれば、未来への責任を果たせるかということを、つねに問いかけていました。それに応えて各政党や組織から、それぞれ一歩踏み出してくれた人たちを私はよく覚えています。一人ひとり、組織人であると同時に、子どもをもつお父さん・お母さんであり、おじいちゃん・おばあちゃんであったりもするわけです。お互いにそうした部分を引き出しながら、組織の論理から一歩ずつ「はみ出る」。この「はみ出る」空気を、市民主導でどうやってつくるかということがとても重要だと思います。

政治団体「オールにいがた　平和と共生」の結成

選挙に関与するにあたって、それまで任意団体として活動していた「市民連合＠新潟」とは別に、政治団体として「オールにいがた　平和と共生」という団体をつくりました。名称は、候補者となった森ゆうこさんが提案されたと記憶しています。政治資金規正法など法的な制約もあるため、政治団体をつくる必要があったのです。市民連合がそのまま政治団体になるという方法もありましたが、生《なま》の権力やお金が飛び交う「選挙活動」と「市民運動」とは一応分離させておきたいという考えが私の中にありました。

市民連合と別に、選挙のための政治団体をつくるという方法は、政党ではなく市民を守る立場からの必要にかられてではありましたが、私がかかわっていた自然エネルギー事業での経験もヒントになったと思います。「おらって　にいがた市民エネルギー協議会」はエネルギーを媒介に新潟の未来を展望する市民の熟議の場であるという趣旨から、実際に銀行からの融資を受け、経済的なリスクもともなう発電事業は、それとは別の株式会社をつくって、そこが担うようにしたという経緯がありました。

これは、民主的な熟議の場と営利ベースで動く場をいったん分けるという発想です。市民の自発的なアソシエーション（結社）の中では、開かれた場ですべての参加者が平等な発言権をもち、合意するまで徹底して熟議するということが理想です。しかし現実に競争的なビジネスの世界で事業を運用したり、選挙という短期間の勝負を闘う上では、それをやっていては迅速な動きがとれないのも事実です。なので、熟議や平等性を追求する市民団体とは別に、ある意味では「汚れ役」となる組織を別に設けるということが、ひとつのテクニックとして考えられました。

そうした経験があったからでしょうか、政治団体として「オールにいがた」を別に立ち上げることには違和感がありませんでした。ただ、その代表になってほしいと森さんから頼まれたときは、さすがに悩みました。

「市民連合＠新潟」には私のほかに、すでに述べた弁護士の水内さんや原発避難者の磯貝さん、私と同じ研究者である成嶋隆さん、弁護士の金子修さんの計５名の共同代表がおかれていました。私はその一人にすぎません。しかし、政治団体は法律上、届け出の代表を一人にする必要がある。各政党の関係者が代表になるわけにもいきませんから、佐々木さんしかいない、というのが森さんの言い分でした。

もちろん、ここに至る過程で記者会見に出たりして政治的な立場は鮮明にしていましたから、いまさらということもあるのですが、そうは言っても選挙で特定候補を支援する政治団体の代表になるということは重みが違います。かなり悩みはしましたが、すでにここまで関与した以上、乗りかかった船どころか、船のマストに縛りつけられているような状態です。自分が擁立した候補者の選挙なのだから責任をとらなければいけないと、ルビコン川を渡るつもりで代表を引き受けました。

連絡調整会議（新潟方式）の誕生

森さんの「事務所開き」は5月20日でした。そもそも選挙がはじめての私には、ひとつひとつの「行事」が新鮮でした。恥ずかしながら「二連ポスター」という概念も、このときはじめて学びました。二連ポスターとは、公示前に貼るもので、公職選挙法の規定により個人名だけを大きくかかげると選挙の事前運動とみなされてしまうので、演説会の告知という建て前で、候補者以外の弁士（政党代表や著名人など）と候補者とを並列に掲載したものです（候補者名と顔写真の面積など、さらに細かいルールがあります）。

このときは、テレビキャスターの鳥越俊太郎さんにダメ元で連絡してお願いしたところ、二連ポスターのもう一人の顔として登場してくださることになりました。

実際の選挙に向けた動きは、しだいに政党のペースになっていきます。それぞれの党には蓄積してきたやりかたがあり、得意・不得意もある。そもそも、お互いがはじめて協働するわけですから、はじめから簡単にいくわけがありません。

新潟では、ふつうなら「選対（選挙対策）本部」という形をとるところを、先にふれた7者協議会を引き継いで「連絡調整会議」と呼ぶことにしました。なぜかといえば、共産党の関係者がいる「選対本部」に民進党の関係者が参加するわけにはいかない、指揮命令系統が一体である「選対」には民進党として参加できない、と言われたためです。そこで苦肉の策として、各政党や団体が対等かつゆるやかに参加できる「調整会議」という名称にしたのです。これは、社民党の幹事長からの発案だったと記憶しています。名前を変えればなんとか組織的な面目が立つ。その「組織の事情」を私たちは尊重しました。一方では、選対本部という名前でなければ参加できるというのは、民進党の県連担当者が、野党共闘そのものに対してはできるだけ協力的でありたいと考えていることを意味しました。しかし、もっとも立派だったのは何を言われても腹を立てなかった共産党のありかただったと思います。とくに終始温厚な樋渡《ひわた》士自夫《しじお》・県委員長は、会議を重ねるごとに市民関係者の尊敬を集めていきました。

このような事情ではじまった連絡調整会議は、5月以降、7月まで、ほぼ週1回のペースで開催されました。

選挙文化の違いとコンフリクト

選挙事務所で実務を担うスタッフは、それぞれの政党のやりかたしか知らないので、しょっちゅう衝突が起こります。政党ごとの文化の違いというのは私たちが思っていた以上に大きいものでした。最初の1週間は、事務所でお互い誰も口をきかなかったそうです。

そんな日が続いたので、これではまずいと思った幾人かの関係者から「先生、飲み会がなきゃダメですよ」と助言を受けました。それで、最初の仕事として私がしたことが飲み会の設定でした。たしかに、飲んだり食べたりしながらお互いのことを話すうちに少しずつ信頼関係ができてきます。携帯電話の番号がお互いわかるようになり、何かあれば連絡できるようになる。こういう機会がなければ、同じ市内に何十年と住んでいても接点がなかった人どうしです。ささいなことのようですが、こういうことは重要だとわかりました。

その飲み会の席で、私は「今日限り飲み会は開きません。この次は勝利のお祝いの日に存分にやりましょう。お互いに異なるバックグラウンドをもってここに結集したわけですから、今後はすべてを学びの機会ととらえましょう。私たちが取り組んでいる歴史的なプロジェクトの意義を自覚して、大きな目標を見失わないようにしましょう」と伝えました。

私が言うまでもなく、皆さんは最後まで大きな目標を見失いませんでした。しだいにお互いの立場や経験を尊重したやりとりが事務所を満たすようになり、少しずつ事務所も明るく回るようになりました。そして、このとき生まれた人間関係は、その後の知事選でも大いに役立ったと思います。

6月に入って、広い県内の各地域、計27カ所ほどに「オールにいがた」の地域的な連絡調整会議が立ち上げられました。振り返れば、この地域拠点の形成過程はきわめて重要だったと思います。それぞれの地域には地域の事情があり特色があります。それまでの活動の文脈や人間関係もあります。それを尊重しながら、短期間のうちに拠点を立ち上げていかなければなりませんでした。私は学期中で大学の授業を続けなければならず、基本的には新潟市にいなければならなかったので、各地域の会議が立ち上がるドラマをここですべて語ることができません。けれども、この地域的な盛り上がりこそ、選挙において決定的に重要なものだったということはよくわかります。

地域ごとに、どの党が強いとか、どの党とどの党が対立しているとか、事情がいろいろあります。市民運動にも色分けがあって、お互いに牽制しあったりしている。そういう問題も、ひとつひとつ訪問しては調整していきました。なぜその27カ所なのか、なぜその町なのか、誰を中心とするのか、その判断には、選挙巧者の森さんの経験と勘が活きていたと思います。

このとき長岡地区の事務所を提供してくれたのが、のちの知事候補となる米山隆一さんでした。連絡調整会議の席で「じゃあ、僕の事務所を貸しますよ」とこだわりなく申し出てくれた。このときの印象で、党派やイデオロギーではない、なにか違う論理で考えていて、その文脈で正解だと思ったことを迷わず実行する、そういう人なんだなと思った記憶があります。

各事務所の立ち上げのときには決起集会というものを開きます。この時期、私たち市民連合の共同代表は、各地域の決起集会に呼ばれていってスピーチし、この選挙の意義を語るというのが主な任務でした。市民連合の共同代表が5人いなければ、とうてい対応できなかったと思います。市民の代表は多くいて、相互に支えあったほうがいいという教訓です。

市民（アマチュア）と選挙（プロの世界）

事務所には市民ボランティアが大勢入り、とくに女性が多かったので子守りスペースをつくったりして、ふつうの選挙事務所とはだいぶ雰囲気が違ったと思います。とくに上越地区の事務所では女性たちのパワーが目立っていました。しっかりした統計的なデータをとっておらず、政治学者としてはこの点はなはだ怠慢なのですが、参院選も知事選も、感触としては女性の力と票が選挙結果を決定づけたのではないかと思います。参院選の最大の争点は安保法制、知事選は原発再稼働でしたから、生活に直結する平和や安全の問題について、とくに女性たちは敏感に反応したと思います。

しかし、選挙の運びは基本的にプロの仕事です。たとえば連合ＯＢの方が、経験を活かして組織選挙のやりかたをていねいに伝授してくださいました。中央の連絡調整会議で決まったことは、可能な限り2時間以内に議事録に起こして各地域の隅々に送る。つねに選対の全体を見て的確な指示を出してくれました。

市民団体である市民連合＠新潟は、直接の選挙運動はできないので、投票率向上の呼びかけや、投票所の増設を選挙管理委員会に申し入れるといった形で活動を続けました（6月10日に申入れ）。私は連絡調整会議を切り盛りしつつ、市民連合の会議では選対で起こっていることを逐一報告し、市民側から出た意見を連絡調整会議に持ち帰るという役割でした。

その意味で、新潟の場合、通常は政党間で秘密裏におこなわれる調整内容の多くが市民の側にも伝わっていました。市民側が選挙のプロの世界に、いわば相当に食い込んでいたと言えるわけですが、良い側面としては、プロである政党の活動に対して、市民側が疑心暗鬼にならず協力する態度を維持できたということがあると思います。それを市民の成熟と考えることも可能でしょう。ただ、他方では、「市民」の中でも私のように直接プロとやりとりする人間と、その人間から直接情報を得られる運営委員クラス、あまり内情を知らされる機会のないふつうの参加者というように、一種の「市民の階層化」が生じてしまうジレンマもあります。このジレンマの解決方法はいまだに見いだせていません。先にふれた各政党内の「党内デモクラシー」のみならず、「市民内デモクラシー」の問題があることは、早い段階から気になっていたことですが、選挙という差し迫った状況のなかで「背に腹は代えられぬ」という残念な決断の連続であったと思います。

しかし、いずれにせよ、アマチュアとプロをつなぐ通訳士のような役割は、民主政治が円滑に機能するためにとても大切です。プロの論理をわかりやすくアマチュアに伝え、アマチュアの要望や創造力をしっかりとプロに伝える役割です。

新たな出会いと発見

選挙事務所には、もちろん共産党の方もたくさん応援に来てくださいました。かれらは口々に、「こんなに楽しい選挙をしたことはない」と言っていました。いままでの選挙の大部分は、最初から結果が見えていて展望が感じられなかった。でも今回は、自分たちが参加して貢献すれば勝利につながるかもしれない。それに何よりも、ほかの政党や市民の人たちと協力しながらやっていく楽しさがある、と。普段の関係の一歩外に踏み出すワクワク感を共産党の人たちも感じてくれていたのでしょう。

共産党の底力には目を見張る経験ばかりでした。たとえば選挙管理委員会から選挙ポスターが17万枚、選挙事務所にドンと届く。これにすべて手作業で証紙を貼り、各地に配って貼り出してもらうよう頼まなくてはならない。気の遠くなる仕事です。そんなときに共産党の方が、どこよりも先にきっぱりと「では、うちに4万枚ください」と。そして翌日には、街中にポスターが貼られているわけです。このような組織力はとても真似できません。

また、共産党の街宣車も驚きでした。私は今回の選挙ではじめて街宣車に乗って演説する経験をしましたが、ふつうの街宣車は乗ったらグラグラして、怖くてしかたありません。ところが共産党の街宣車は大きくて、ほとんど装甲車みたいな安定感です。スピーカーも巨大で音がいい。だから選挙戦のあいだじゅう、みんなが共産党の街宣車の取りあいでした。そんなことも、政治学者の私がそれまで知らなかった選挙のリアルでした。

政治学者として衝撃を受けた体験はほかにもあります。農山村地域では、村の集会場などに地域の人を集めてもらって、私がスピーチをしにいくのですが、会場に集まっているのはほとんどが高齢者でした。その大部分は、「知りあいに呼ばれたので、誰かわからないけれど偉い人の話を聞きに来た」という感じです。そのおじいちゃんやおばあちゃんたちは、私が最後に「……なので、自民党の候補者をよろしくお願いします」と言ったらほんとうに自民党に入れかねない。そう思わせるほど、話の内容というよりも、話をする人がそこに居る、そこに来た、ということが何よりも重要であるように見えました。もちろんそれは私のたいへん失礼な誤解であろうとは思いますが、これまであちこちで講演した経験では出会ったことのない聴衆であることを肌で感じました。論理による説得ではなく「あの人はここに来てくれた」という人間関係の濃淡によってことが決まる世界が確かにあるのではないか。知識として知ってはいましたが、人が選挙で投票するとは本来どういうことなのか、もう一度根本から考え直さなければいけないと感じた経験でした。

ちなみに森さんは、党首の小沢一郎さんから伝授されたという(ということは、田中角栄由来の)「川上から川下へ」という方法で選挙戦略を立てました。川の上流、つまり農山村部から回りはじめ、選挙終盤になって徐々に街場に下りてくるという戦略です。そういうこともあるものか……と当時はただ感心していただけですが、いまは十分な根拠があるのではないかと思っています。

選挙は総力戦――日頃の積み重ねがものを言う

6月22日、いよいよ参院選が告示されます。この前後から、新潟にも各党の幹部、有名議員がぞくぞくと応援演説にやってきました。民進党の岡田代表、共産党の志位委員長、生活の党の小沢代表。相手候補の応援には安倍首相をはじめ大臣や大物政治家が次々と入ります。閣僚はほぼ全員が来ましたし、若手で人気のある小泉進次郎議員は4回も来ました。

選挙戦の終盤には、地元最大の新聞である「新潟日報」に、森候補を不当に攻撃する怪文書ビラが折り込まれるという「事件」も起きました。ビラの内容は共産党を誹謗するものでもありました。チラシの折込みサービスをしていたのは新潟日報社の関連会社でしたが、建て前上は別会社で、担当者が内容を吟味《ぎんみ》せず安易に折込みを許可した結果でした。「選挙というのは、これほどなりふり構わないものなのか」と自分を納得させることも一時は考えましたが、そういうやりかたが常態化すれば、将来の民主主義の発展を阻害し続けるおそれもあります。訴訟も辞さない覚悟で厳しく追及したところ、チラシを持ち込んだのは全国的な右翼組織である「日本会議」の新潟支部の人物だと判明しました。

こうして必死にやっていると、選挙とはまるで戦争みたいなものだということをリアルに実感します。こちらが駅頭で街宣をしていると、反対側で現役大臣が同じように街宣を始める。中央政府から援軍が次から次へと送り込まれてきて、途中からはまるで国家権力そのものと正面対峙しているかのようにも感じました。それでも私たちは「カネと権力で威圧してくる相手に負けてたまるか」と逆に自らを奮い立たせました。政治団体の代表にまでなって、負けたらその後どうなるか……。そんな後がない、切迫した気持ちでした。

7月に入ってからの終盤戦は、新潟県内の多くの農協（JA）を回りました。農村部の保守層を切り崩さなければ勝てないと感じ、連絡調整会議で私が提案したものです。森候補のお兄さんと一緒に車で回って、幹部の方に頭を下げて応援を依頼する。もちろん、ＪＡ全体としては公式的には自民党支持ですから、最初はぎこちない対応です。しかし、県内農業の実情、とくにＴＰＰの問題に話が及ぶと、「わかっています。今回は入れませんよ」という本音が聞こえてきました。どこのＪＡでも同じような反応に出会ったことで、向こう側も一枚岩ではないんだなと手応えを感じることができました。

私のごく限られた経験に基づく実感にすぎませんが、選挙の6割は最初の仕込みで決まるような気がします。どういう政治的文脈で、どういう候補者を立てるかが決定的に重要です。しかし、残りの4割は選挙運動のがんばり次第です。相手がカネと権力にものを言わせて物量で来るなら、こちらが出せるのは市民のネットワークと創意工夫です。選挙とはまさに、使える資源はすべて使う総力戦です。しかしその「資源」は、実際に選挙を迎える日より前の、日頃の活動によって蓄積されるもので、それなしにいきなり選挙に臨んでも勝ち目はありません。

メディア対策も同じように事前の蓄積が重要です。公示後は、どのメディアも公平性の観点から、いわば「足して2で割る」報道しかしてくれません。ですから公示前にどれだけ現場の記者に共感してもらい、記事を書いてもらえるかが鍵となります。メディアも組織であることには変わりありませんが、作っているのは現場の個々の人間です。相手が知りたいことをしっかり伝え、信頼関係を築いておくことで、選挙の最中にも有力な情報をもたらしてくれたりします。幸い私たちは、新聞やテレビ局の記者の皆さんと比較的いい関係をつくることができたと思います。もちろん、記者会見もていねいにやったほうがいいですし、選挙期間中に寄せられる候補者の公約に関する質問にも、しっかりと応答することが大切です。県知事選のときもそうでしたが、参院選でも、野党統一の一翼を担った緑の党の代表、中山均さん（新潟市議）が、それらをていねいかつ確実にやり遂げてくださいました。

大接戦の終盤

選挙戦も終盤になり、いよいよこれは接戦だということがわかってきました。当初は森候補のリードが予想されていたのが、しだいに自民党候補が追い上げてきたのです。相手も必死です。情勢はほぼ五分五分、投票日直前の7月4日の時点で森51：自民49というのが予想でした。

この「予想」とは何かというと、各政党が実施する世論調査に基づいています。とくに自民党は潤沢な資金を駆使して、選挙期間中は毎週のように調査をし、かなり正確な予想を得ています。もちろんその結果は部外秘なのですが、なぜかこちら側にも漏れ聞こえてきます。そうした情報を得ていたので私は、連絡調整会議でも「これは勝っても負けても数百票差の激戦になる」と言い続けていました。こうした発破も功を奏してか、最終盤になって、それまで鈍かった民進党や連合の組織にもようやく本気が見えはじめました。

投票2日前の7月8日には、午前中に山本太郎議員が駆けつけ、夕方はSEALDsの本間信和くんや東京の市民連合の山口二郎さんにも来ていただいて「森フェス」と題した街頭イベントを開催しました。私の勤務校の授業帰りの学生や同僚たちも駆けつけてくれました。

最後の最後になって、選対の中でひと悶着《もんちゃく》がありました。それまで基本的に選対がつくった組織的なスケジュールに沿って選挙運動をしてきた森さんが、「それでは勝てないから、最後は自由にやらせてほしい」と言い出したのです。事前に決めた場所で演説するのではなくて、ゲリラ的にあちこちに出没して握手をしまくるという彼女独自の手法です。ほんとうに毛細血管のような小さな路地にまで入っていって、1カ所につき2分、3分の短い時間で演説と握手をくり返すのです。オーソドックスな選挙のマニュアルではありえない手法なのですが、森さんはどうしてもやると言い張るので、私は「彼女の好きなようにさせましょう」と言いました。「勝っても負けても、これは彼女の選挙ですから」と。結果、この方法で最後の数百～数千票は上積みされたと思います。

このとき、森さんに立候補を譲った民進党の菊田真紀子さんは反対しました。でも彼女は結局、森さんが出る予定だった街宣に参加して、候補者不在の街宣車で応援演説をしました。このとき私は菊田さんの本気も見た気がします。

投開票――2279票差の勝利

7月10日、ついに投票日を迎えました。全国で、野党共闘の成果がどこまで出るのか、多くの人が固唾《かたず》を呑んで選挙速報に見入っていたと思います。その中でも新潟は、最後の最後まで結果が出ませんでした。

選対事務所でひたすら結果を待っていましたが、「はじめに」で述べたように、私は緊張でお腹を下すほどでした。NHKが当確を出せば確実だと聞いていたので、一度NHKから「森さんを呼んでください」と言われ盛り上がったのですが、すぐに間違いとわかって、ぬか喜びに終わりました。最終的に開票率が99%まで進んでも勝敗は明らかになりませんでした。予想

当確の報にわく事務所（朝日新聞社提供）

通りギリギリの大接戦だったのです。

午前零時も迫ろうかというころ、ついに当確が出ました。わずか2279票差で森さんの勝利でした。その後はお約束の万歳三唱です。「万歳」とか「三三七拍子」とか、日頃は私がいちばん嫌いなもののひとつですが、そんなことはもうどうでもよく、心からの雄叫びをあげました。マイクの前に立って、心から自然に出てきたのは「民主主義は生きていました！」という言葉でした。

隣にいた菊田さんは「長く政治家をしていても、こんな選挙はなかなかできない」とおっしゃっていました。プロの政治家にそう言わせたほどの選挙だったということです。最終的に、長岡地区の投票箱が開いて勝敗が決まったようです。新潟の中央区では負けていたのですが、上越など従来から平和運動の強いところで優勢でした。やはり、普段からの運動の積み重ねが功を奏したということです。

投票率は59・76%。50%を超えなければ自民党・公明党の組織票に勝てないと思っていましたから、これも予想通りだったと言えます。

保守・革新を問わず、政党の組織的な支持基盤というのはどんどん弱体化しています。その結果として、どちらの陣営がより運動したか、参加した人数やその熱気も含めて「運動量が多いほうが勝つ」という傾向が強まっていると思います。これからの選挙は、どんどんそうなってくるでしょう。草の根で自発的にどれだけの人が運動に参加してくれたかが勝敗を決するのです。

逆に、自民党側が新潟で参院選・県知事選と負け続けたのは、かつてよりも一元的なトップダウンの組織になってしまっているからだとも言えると思います。官邸の影響力が強まり、地方組織や議員の裁量が弱まっている。それを裏返すと、たとえば選挙で劣勢のときにも「これでは勝てない」という地方の危機感が中央に届かないのです。現場の声がどこまで中央の意思決定権をもつ人に届いているか。政党内部での民主主義が、選挙の強さにも反映していると言えます。

保守の分裂が勝因

参院選での票差は2279票でしたが、総得票数114万3218票から見れば、全体の0・2%にすぎません。言ってみれば誤差の範囲です。誰が欠けても、どの要素が欠けても勝てなかった選挙だったということです。

勝因のひとつは、保守層が分裂したことだと私は見ています。創価学会票の3割以上、自民票の約3割が森さんに入れたという結果がそれを物語っています。選挙期間中、安倍総理が3回、閣僚も全員が新潟入りするなど、相手側は破格の応援態勢で臨んでいました。しかし新潟の有権者には、中央から大臣が来たということはあまり響かなかったわけです。

新潟独特の価値観として、新潟に恩恵をもたらす権力ならば上に頂くけれども、もたらさないのであれば用はない、という一種のプラグマティズムがあると思います。土地は豊かで広く、海もあるから生活基盤がしっかりしていて、中央のお恵みがなくてもやっていけるぞという自信がある。かの田中角栄も、言ってみれば中央からの恵みをもたらすエージェントにすぎなかった。その中央が、さほど新潟に利益をもたらさなくなってきたと多くの人が感じていた。それがこの選挙の背景にあったように思います。

全国的にみても、2016年の参院選では山形や福島、宮城をはじめ東北地方と沖縄で野党側が勝利しました。構造的に、中央の保守政治が地方に十分なサービスを提供できなくなってきた現状があると思います。すなわち、地方が中央依存では生きられなくなっている。たとえば原発について言えば、原発立地によって地方にもたらされる利益よりも危険のほうが大きいと、みんなが気づいてしまった。この流れは今後も止まらないでしょう。安倍さんがどれだけ「地方創生」と言っても無理だと思います。

投開票日の3日後の7月13日に最後の連絡調整会議が開かれ、今後この会議をどうするかも話しあわれました。私は解散してもいいと思っていたのですが、森さんとのあいだで政策協定を結んだわけですから、それが実現されるよう今後も見守っていく責任はある。各政党との連携のルートも、せっかくできたのだからゆるやかに維持していこうということで合意しました。新潟では勝ったとはいえ、全国では改憲をかかげる自民党・公明党と補完勢力に3分の2議席を許し、すぐにでも憲法改正が発議されるかもしれないという状況でしたから。

4　参院選の教訓

選挙は定期試験――一夜漬けでは勝てない

こうして、私がはじめて当事者として取り組んだ参議院選挙に勝利し、市民連合＠新潟も最初の目標を達成することができました。この選挙を通じて私たちが学んだことを、全国の市民の皆さんの参考になる「技法《アート》」としてまとめると、どうなるでしょうか。

第一に、自信をもって言えるのは、「選挙とは、定期試験のようなもの」ということです。中間テストや期末テストなど毎年決まった時期にやる試験がありますが、直前にどんなに一夜漬けしても、大きく結果を変えることはできません。結局、大事なのは普段からの勉強の積み重ねです。選挙も同じで、選挙期間中だけどんなにがんばってもダメなのです。普段からどれだけ私たちが政治にコミットしているか。それが選挙のときにあらわれるということです。これはほんとうに骨身に沁《し》みた教訓です。

新潟は巨大な県なので地域ごといろいろな特色があります。たとえば上越という地域では、参院選でも知事選でもこちらの圧勝が見えていました。なぜかというと、長く続いている平和運動があり、原発反対の運動も根強くあるからです。普段から市民運動が活発なので、選挙事務所を立ち上げてもその地域はとにかく盛り上がる。つまり、選挙のために運動するのではなくて、普段から市民が活動し政治に参加していること。それが選挙を左右する潜在力なのです。「普段から政治に参加する」と言われても、ピンとこない人もいるでしょう。でも、地域でおこなわれるちょっとした学習会や催し、最近では社会的なテーマの映画の上映会や写真展などもあります。そういうところで日頃から社会の問題を考える雰囲気があり、意識をもって動いている人どうしの関係がつくられていく。これは市民政治にとって大きなポテンシャルなのです。

その意味で、市民運動には決して無駄ということはありません。いつの時代も運動は地下水脈のようにつながっていて、容易に途切れることはなく、ある時代の経験はかならず次にまたどこかで生きてきます。そこでできた人間関係のネットワークは、違う状況のなかでまたいつでも活かせるものとして残るわけです。そういうふうに考えて、すぐに結果が出ないとか、負けたからダメだとか、せっかちに考えなくていいと思います。

選挙調査・出口調査・街頭実感の温度差

これまでも、選挙のたびに速報などをテレビでぼんやり見ていましたが、自分がやるとなると必死ですから、さらに懸命に、いろいろなソースから得られるデータを集めて比較したりします。選挙運動中はマスメディアよりも、先にふれたような政党がおこなう世論調査の結果が漏れ伝わってくるので、それが頼りです。ただ、それもかならずしも正確というわけではありません。

参院選投票日当日のＮＨＫによる出口調査は当初、絶望的な数字でした。ＮＨＫはどこのメディアよりもお金とエネルギーをかけているので、選挙に関してはもっとも信頼がおけるとされています。それを信じて事務所のテレビでＮＨＫに見入っていた私は、出口調査の結果を加味した棒グラフを見てショックを受け、「敗戦のコメントをちゃんと考えなければならないな……」とますます決意を固めていました。選挙に慣れた議員さんは「先生、いまの段階ではまだまだわかりませんよ」と言ってくれましたが、いまとなっては、あの大差がついた棒グラフはいったいなんだったのかと思います。

県知事選のときは、さらに調査予測と結果がずれていました。ふたつの選挙を通じて思うのは、いちばん信頼できるのは街頭での感触だということです。選挙予測で各社の結果が異なるのは、生のデータ以外に予測主体が選んだ独自のファクターが加味されるからです。バイアスの存在しない予測はありません。数字は戦略を修正する重要な手がかりですが、あまり一喜一憂する必要もないというのが私なりの教訓です。

公職選挙法について

恥ずかしながら、政治学者のくせに私は、公職選挙法やその運用をしっかり理解していたわけではありませんでした。これまで何度も選挙を経験されている方々から、まさに「オン・ザ・ジョブ・トレーニング」で「これはやっていい」「これはいけない」ということを教えていただいたのです。街宣車の置き場所や時間、ポスターやチラシのルール、お金の扱いかたなど、学ぶべきことは無数にあります。

公職選挙法の規定では、選挙に勝った後「祝勝会」をしてはいけないなどということはまったく知りませんでした。また、真偽は疑わしいものの、これまでの経験から、選挙に負けると勝った場合よりも公職選挙法違反で捕まる可能性が高まる、などというのもありました。こういった「現場知」や「実践知」もまた、市民がしっかりと学ぶべき知識であると思います。

こういった知識は、もちろん学校では教えてくれません。まさに市民が公的活動に参加する過程で獲得されていくものです。後でも述べますが、広義の「政治教育（公民教育）」がこれからの日本の民主政治にとっていかに重要であるのか再確認しました。

候補者調整への市民のかかわりかた

候補者選びにおいて、市民が関与できる部分がそれほどあるわけではありません。しかし、政党へお任せにしないで関与し続けることが大事です。

そこで大切なのは、各政党・各組織のニーズを見極めて把握することです。どこは妥協でき、どこは譲れない一線なのか。「取引き」というとイメージが悪いですが、ある部分は折れても別のところで取り戻すということは、政治家にとってつねに選択肢としてありうるものです。こうした各アクターのニーズを把握できれば、第三者である市民の立場から、それを調停することも可能になります。

新潟の場合、市民の側は、どの候補がいいといった希望はいっさい言わず、とにかく統一候補を出してほしいという一点だけを各政党に求めていました。同時に、なぜ野党共闘が必要なのか、この選挙の歴史的な意味は何なのかということは、くり返し伝えていました。そうすることによって、個別の利害でだけ考えてしまいがちな各組織の代表を、大義に引き戻す役割を果たしたと思います。

政治家は選挙を通じて生まれ変わる

もうひとつ、選挙を経験して気づいたことがあります。これはやや傲慢に聞こえるかもしれませんが、「政治家は選挙を通じて新しく生まれ変わる」ということです。

ふつう私たちがもっているイメージは、政治家という一貫した職業人がいて、その人が選挙に出て当選したり落選したりする。そういうものだと思います。でもほんとうはそうではなくて、選挙ごとに新しい政治家が誕生するのです。

２０１６年の参議院選挙で、新潟の市民は森ゆうこさんを選びました。長く政治家をしている人ですから、本質的な部分では変わらないかもしれません。でも、森さん自身が、自分はこの選挙で「ニュー森ゆうこ」になったと言っています。有能な政治家ほど、その人を支持する民衆のそのときの声や雰囲気を体に帯びるものだと思います。そうして選挙のたびに政治家として生まれ変わるのです。

これは県知事になった米山さんも同じでした。当初、彼の原発政策についての立場や、右寄りとされる維新の党にいたことなどから、「あの人でほんとうに大丈夫か」といった声は市民運動の内部にもありました。しかし私は「私たちが育てましょう」と言って説得しました。実際、候補者選びの過程、そして選挙期間を通じて彼はどんどん変わっていったと思います。とくに選挙運動のプロセスで街頭の多くの人々とふれあい、原発問題についての有権者の声や願いを聴いたことで、米山さん自身が、自分が知事になることの意味を確信するようになったのだと思います。

その政治家がもともと持っている思想や信条ももちろん大事ですが、人は何歳になっても変わる可能性があるものだし、とくに政治家の場合、どういう人に支持され、どういう選挙戦を経たかがその政治家をつくるのだと実感しています。だから、選挙は定期テストであると同時に、政治家自身が学び成長する場でもあるのです。

そして、どういう選挙を経て当選したかによって、その人の行動様式もある程度、規定されていく部分があると思います。従来式の選挙、たとえばバッジをつけた政党幹部が中央から来て選挙カーの上から叫んで帰っていく、そういう選挙で勝った人は、そういう価値観のもとにその後も行動するでしょう。だから、選挙の文化を変えると、選挙民の意識が変わるだけでなくて、そこから生まれる政治家自身の性質も変わるのだと思います。

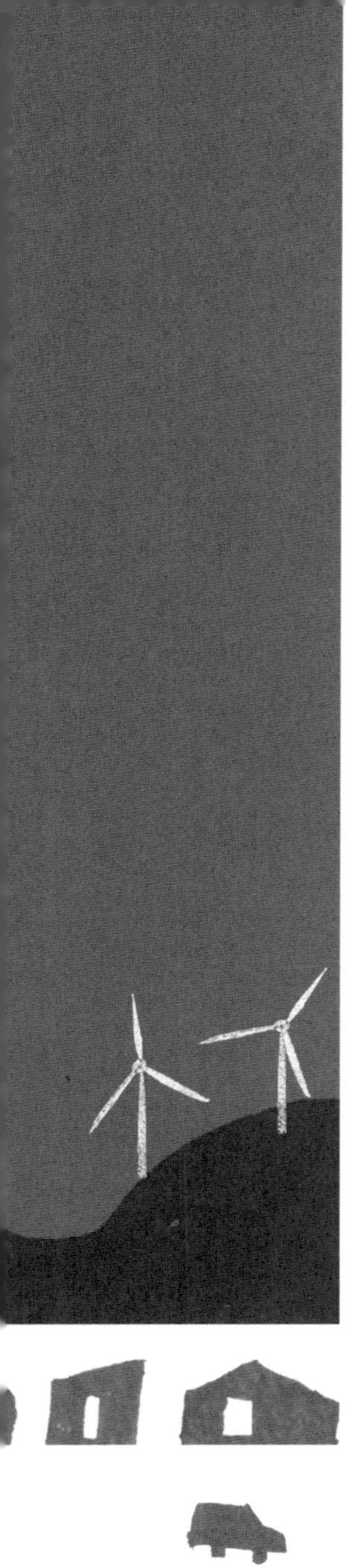

2章　原発再稼働を問うた新潟県知事選

1　降ってわいた県知事選

泉田知事はなぜ不出馬を決めたのか?

参院選の勝利の興奮もつかの間、新潟ではさらに県知事選が大問題となりました。もともと県知事選は予定されていたのですが、出馬すると見られていた現職の泉田裕彦知事が突如不出馬を決めてしまった。これは青天の霹靂《へきれき》でした。

東日本大震災で新潟県は、福島県から多くの避難者を受け入れ、身近に原発震災の影響を感じると同時に、世界最大の柏崎刈羽《かしわざきかりわ》原発をもつ原発立地県として、再稼働を許すのかどうかという大きな選択を突きつけられました。

東日本大震災からさかのぼること4年、2007年に起こった中越沖地震では、柏崎刈羽原発で火災が発生し2時間も鎮火できず、放射性物質が漏れるなどの重大な事故が起こりました。このとき知事だった泉田さんは、東京電力のさまざまな隠蔽を目の当たりにし、県民の安全を守るために、東京電力と対峙する姿勢を強めました。

原発推進は長らく国策とされていましたし、建て前上は民間の電力会社の事業ですから、そもそも県が口を挟む権限は多くありません。しかし県と東電とのあいだで結ぶ「安全協定」に基づいて、原発を稼働するには事実上、県知事の承認が不可欠でした。

そのときの泉田さんの提案で、同じ東京電力管内の福島原発に「免震重要棟」が設置されたことが、福島の原子力災害の拡大を食い止める上で決定的な役割を果たしたことは有名な話です。3・11の後、泉田さんは県の防災局の中に「技術委員会」をつくり、福島原発事故の検証や、柏崎刈羽原発の安全性について県独自の検証をおこないました。そこで新たに東京電力によるデータ隠しなどの問題も明らかになったのです。

そんなふうに東電とも向きあってきた泉田さんが、なぜ出馬を断念することになったのか。当時泉田さんは、県の出資する第三セクターの会社が海外からのフェリーの購入をめぐって損失を出した問題を地元紙「新潟日報」から追及されていました。このまま知事選になっても、争点が原発再稼働ではなくこのフェリーの問題になってしまう。ご本人は「県民の公正な判断が期待できなくなってしまうので退いた」とおっしゃっています。ただ、現実にはもちろん、原発再稼働をめぐる電力会社や中央政府からの有形無形の圧力や嫌がらせもあったのでしょう。また、もともと泉田さんを支えていた自民党が、今回はそれまで通りの十分な支援をしてくれないという不安もあったと思います。

実をいうと、新潟の経済全体の中で原発関連産業が占める部分は、言われているほど大きくはありません。だからこそ自民党を支持母体とする泉田さんが、あそこまで再稼働に強く反対できたわけです。もちろん、その姿勢は本気だったと思いますし、県民も支持していました。しかし原発問題以外の内政に関しては、ある意味、古くからの自民党政治に差配を任せていたところがあります。そうしたガバナンスの甘さがスキャンダルを呼び寄せた一因でもあったとは言えるでしょう。

いずれにしても、泉田さんは出馬を断念し、このまま行けば自民党が出す候補者が不戦勝になってしまう可能性が強まったわけです。

ふたたび候補者選びの渦中に

この状況を見ながら、私自身は、その当時はまだ「大変だなあ」と他人事のようにしか思っていませんでした。参院選を全力で走りきって、ようやく平穏な日常に戻れたばかりでしたから。しかし、そうは簡単に行きませんでした。泉田さんが8月30日に不出馬を表明した直後から、参院選でともに闘った各政党から次々と連絡が入り、知事選に誰を出すかという相談を受けます。

当初、民進党は党内から自前で候補を出すことを考えていました。しかし、なかなか候補者が決まらない。元経産省官僚の古賀茂明さんなどいくつかの名前が挙がりましたが、ご本人の固辞などでいずれも決定に至りませんでした。

民進党以外の共産党・社民党・生活の党は統一候補を出すことに賛同し、民進党に調整を委ねる方針でしたが、9月13日になって民進党が独自候補を断念してしまった。告示（9月29日）までの時間がないなかで模索が続きましたが、連合新潟は時間切れと判断し、自民党候補を推すことを決めてしまいました。

労働組合である連合が自民候補を推すというのを奇異に感じる読者もいらっしゃるかもしれません。私の見立てでは、もし民進党からの候補者擁立が間に合っていれば、それはなかったかもしれないと思います。また、連合新潟がかねてより泉田県政の労働政策に満足しておらず、「泉田降ろし」をかかげ必勝だと思われた自民候補の応援に利を見いだしたという背景もあると思います。

選挙は候補者を立てるまでがとにかく大変です。そして候補者が決まるもっとも大切な瞬間は、なかなか口外できないことがらを多く含みます。本書でもすべてを語ることができないのですが、それぞれの関係者は最善を尽くしたものの、結論から言えば準備不足でした。

しかし、候補者選びが難しいのは、ある意味しかたないとも言えます。想像してみてほしいのですが、あるとき突然、政党の代表がやってきて「知事選に出馬してほしい。ついては明日までに決断してくれ」と頼まれても、ふつうの人にはとても無理でしょう。選挙に出るとなれば家族はもちろん親類や知人友人も含めて巻き込むことになるわけですから、とうてい1日や2日で決断できることではありません。

そこで問われるのはやはり、新潟のために自分の身を捧げる覚悟があるかどうかということなのだと思います。もちろん行政能力は不可欠ですが、すでに政治の世界に身を投じている、何よりもやる気のある人。そういう人がそう何人もいるわけではありません。

政党主体の候補者調整がいずれも行き詰まって、もうどうにもならないというとき、最後にひとり浮かんだ名前がありました。

米山隆一さんは、もともと合流前の維新の党では参院選の予定候補であり、実は県知事選にも出馬したいと民進党内で手を挙げていました。しかし党内で支持を得られず、ご本人もあきらめていたという経緯があります。

私は、参院選での彼の協力姿勢も記憶していたので、彼しかいないと思い、9月15日にはじめてこの件を打診しました。ただし、市民に推されて出馬するのだから、原発に関してだけは前知事同様に慎重な立場を約束してほしいと頼みました。それまでの米山さんの原発に対する発言は、かならずしも慎重派とは呼べないものもあったからです。すると、あっさりと「わかりました」とお返事をいただきました。こうして米山さん擁立への流れができました。

しかし、次のハードルは民進党でした。9月17日に民進党の県連常任幹事会があり、ここが候補者決定のための最後のチャンスでした。ここに私と、上越の市民連合の共同代表である馬場秀幸弁護士が出向き、米山さんをぜひ候補者にと説得を試みました。しかし民進党内の合意には至らなかったのです。このことは地元紙に「奇策あえなく潰《つい》える」とまで書かれました。地元紙はこの時点で米山さんの出馬はないと踏んでいたわけです。いまとなっては笑い話ですが、この時期、情報を取りたいマスコミに追いまわされ、夜中に各野党の代表たちと歩道橋の下に息をひそめて隠れたりしたこともありました。

9月20日、県知事選に向けて発足した新たな政治団体「新潟に新しいリーダーを誕生させる会」が記者会見をおこないましたが、この時点では候補未定のままでした。しかし、公示日が迫るなか、民進党から同意を得られなくてもしかたない、得られなくても米山さんで闘おうという気運は市民のあいだにできていました。

出馬会見直前に離党届を出した米山さん

そして9月23日。午後3時から米山さんが出馬表明の記者会見をすることになっていました。「その前に、民進党の県連にあいさつしてきます」と米山さんから連絡がありました。私たちは、米山さんが県連代表に説得されて出馬を断念してしまうのではないかと危惧して、10分前になっても会場にあらわれなければ会見を中止する、といった算段まで話しあっていました。しかし、実際にはこのとき米山さんは、民進党県連に離党届を出していたのです。

米山さんは合理的にものを考える人です。彼は弁護士であり医師でもあるというきわめて有能な人ですが、不運なのかこれまで出た選挙で落選し続けてきました。出馬するとしたら次が最後のチャンスになるだろう。勝負するなら県知事選か衆院選の新潟5区か。どちらにしても最後なのだから、離党したとしても失うものはないと判断したのだと思います。また一政治家としての意地もあったでしょう。

この行動に対する民進党側の反応は、議員や個々の党関係者によっても濃淡がありました。けれども県連としては、24日に予定されていた先の参院選の選挙報告会（事実上の祝勝会）への出席を急遽《きゅうきょ》キャンセルするというものでした。ご自分たちが一度否定した候補が党内から引き抜かれて候補者になったわけですから、それに対する抗議のメッセージだったのでしょう。これはとても残念でしたが、そこにあえて出席してくださった民進党の西村智奈美・衆議院議員や市議会・県議会議員の方々は、参院選・知事選を通じて一貫して市民の立場で大きな力を貸してくださった方々でもあったことは、後世の記録のために語り残しておきたいと思います。

こうして米山さんは民進党の支援を受けず、それどころか離党して出馬することになりましたが、それが逆に、市民がみんなで応援しなければという空気をつくったことも事実です。そして、連合新潟の支援を受けないのであれば、はっきりと「原発再稼働反対」を打ち出し、むしろ争点にできるという利点もありました。

参院選の実体験があったので、たとえ大きな労働組合や政党の協力がなくても、やりきることはできるのではないか、という漠たる感触はありました。それに、万一勝ちが見えてくれば、当初は一緒にできなかった人たちも参加してくれるかもしれないと予想していました。これは実際その通りになりました。

参院選があったからこその県知事選

「市民連合@新潟」は、もともと参院選では原発問題を正面から争点にしないという合意があったこともあり、直接には県知事選に関与しないことを決めていました。けれども、新たに立ち上げた「新潟に新しいリーダーを誕生させる会」には、私を含め参院選で選挙運動にかかわった人が大勢参加しています。共同代表には、参院選のときと同じ私と磯貝さんに加え、先の馬場弁護士と、新潟ＹＷＣＡ会長の横山由美子さんに参加していただきました。

いま思い返すと、米山さんの選対本部長になってくれた森ゆうこさんのリーダーシップは決定的でした。そもそも森さんは、候補者が決まるかなり前から、ご自分の判断と資金ですでに選挙準備を始めていました。もしも候補者が決まらなければ（その可能性は十二分にありました）すべて無駄になる投資です。候補者の決定がかなり遅くなっても選挙活動を展開できた大きな要因のひとつが、彼女の早期の決断にあったと思います。

加えて共産党、社民党、生活の党、緑の党、新社会党などのプロの皆さんは、事務局長を担った社民党の渡辺英明さんを中心に、参院選のときにも増して円滑なチームワークを発揮しました。このような意味からも、県知事選の勝利は参院選がなければありえなかったと思うわけです。

2 「依存か自立か」を問うた選挙戦

市民主体の選挙運動

こうして、県知事選の選挙戦に突入しました。

「市民と野党はひとつ」という参院選から続く掛け声のもと、こちら側が積極的に差異化してアピールした争点は「年寄りの（古い）政治か、より若い政治か」「中央依存か地方の自立か」、そして「原発再稼働の是か非か」でした。いずれも相互につながった問題ですが、私の直感として、原発が争点ならば勝てると思っていました。小泉純一郎元総理が語ったという「（原発関連企業の組織票）50万票のために500万、5000万の無党派層を逃すのか」という言葉通りだと思います。全体を通じて無党派層というか、ふつうの有権者に対してどんなメッセージを

上越の選挙事務所にて

発するかが重要だったと思います。

選挙はある意味、お祭りのようなものですから、楽しそうにやることも大事です。街頭のアクションもそうですし、選対事務所の雰囲気が生き生きしているほうが勝つ傾向があると思います。それはそうですよね。組織に動員されたり雇われたりして義務感でやっている人たちよりも、自発的に意欲をもって参加する市民がやっているアピールのほうが、耳を傾けようという人は多くなるでしょう。

事務所で出てくるお弁当ができあいのコンビニ弁当ではなくて手づくりのおいしいお弁当であるとか、手づくりの豚汁がふるまわれるとか。あるいは事務所のカラフルな飾りつけなど、そういったことも選挙全体の雰囲気を決めていく大事な要素だと思います。私たちの事務所の食事はすべてボランティアの皆さんの手づくりで、とても美味しいものでした。

電話をかける、商店街で声をあげながらチラシをまく、小さな集会を開く、そのときの印象や感触を伝えあって次につなげる。ボランティアで参加した市民の皆さんは、自発的にできることは何でもやろうと試しました。争点が原発問題だったからかもしれませんが、県外からも多くの皆さんが手弁当で駆けつけてくださいました。お名前を逐一紹介できませんが、全国区の文化人や研究者たちも多数、応援してくださいました。そのたびにＩＷＪなどのインターネットメディアがそれを全国に伝え、それがまたブーメランのように新潟の熱気に変換されていきました。候補者の街頭演説の印象はその日のうちにボランティアや市民の皆さんの「うわさ」となって即座に選挙事務所に伝えられ、それが候補者にも伝わるようにもなっていました。

街頭での反応のよさの反面……

参院選と比べても、知事選では街頭の反応がまるで違いました。こちらから投票をお願いするのではなくて、向こうから人が来てくれるような感触です。とくに女性です。原発再稼働を明確

選挙戦最終日の街宣に、野党各党がそろい踏み

に争点にできたことが最大の要因だと思いますが、ほんとうに女性の方からの応援が熱かった。私自身も朝、家の外でゴミ出しをしていて知らない人から「ありがとうございます」「がんばってくださいね」なんて言われたのは人生ではじめてでした。

ただ、街頭での感触に反して、世論調査の数字は鈍いままでした。投票日の2日前までは42対41で1ポイント負けていました。街頭で相手候補に出会うと、こちらは群衆に囲まれ、あちらは人影まばらなのに、どうしてだろうと不思議でした。

このとき相手陣営は、参院選のときのような総理や有名議員の応援をいっさい受けませんでした。前回はそれをやって選挙を盛り上げた結果、逆に投票率を上げてしまったことに対する反省からでしょう。今度は街頭ではまったく派手な動きをせず、ひたすら組織固めに専念したのだと思います。その意味では不気味でした。

最終的に投票率は53・05％でした。決して高い数字ではありませんが、前回の知事選挙と比べれば多少高くなっています。市民が参加する選挙で結果を出すためには、やはり争点を明確にして選挙戦を盛り上げ、無党派層にどれだけ投票所に行ってもらうかということが大事なのだと思います。

中央への依存か、地方の自立か

この県知事選は原発問題を争点にしたシングルイシューの選挙だと言われました。もちろん原発はもっとも大事な争点だと私も訴えました。しかし、その一点だけだと言われると、それは違うと思います。より大きな争点として「中央への依存か、地方の自立か」というテーマがあったと思っています。

米山さんの選挙公約（別掲）では「安全への責任」「食と農を守る責任」「命への責任」「雇用への責任」「住民参加への責任」「教育への責任」の６項目をかかげました。この底流には、新潟が自立してやっていける地域づくりをしようという考えかたがあります。たとえば四つめの「雇用への責任」では、「新産業の育成」として自然エネルギー企業への支援（新潟県版「グリーンニューディール」）や地域の観光資源とイベントを組み合わせたストーリー性のある観光資源の創造（グリーンツーリズム、食のツーリズム、アートツーリズム）など画期的な政策を訴えました。

それに対して相手候補が訴えたのは「中央とのパイプがある」ということでした。投票前日に相手陣営が打った新聞広告には「国との太いパイプを持つ新潟県を！」という内容の文句が並んでいました。

対する米山陣営のスローガンは「現在、そして未来への責任」。そして法定2号ビラ（右上）では「権力にすり寄る知事ではなく県民に寄り添う知事を！」というコピーを選びました。これは、新潟が地域として持続していくために、中央への依存を断ち切って自立しようというメッセージでもあります。直接的な争点は原発の再稼働でしたが、その先には私たちのめざす社会像や地方のありかたのビジョンがある。これこそが選挙の真の争点だったと思います。

米山隆一　政策綱領（六つの責任）

1．安全への責任

県民の安全を最優先してきた泉田路線を継承し、原発再稼働の議論の前に、福島原発事故の検証をしっかりと行います。

現在と未来の県民の命と健康に責任を持つものとして泉田知事の路線を継承します。そのために、必要な検証を最優先し、安全対策を強化します。

1．原子力防災への取り組み
・福島原発事故およびその影響と課題に関する3つの検証（事故原因検証、事故の健康と生活への影響の検証、安全な避難方法の検証）がなされない限り原発再稼働の議論は始められない。
・3つの検証に基づいた、安全な避難計画の策定
・3つの検証に基づいた、原子力防災対策
・3つの検証に基づいた、万一事故が起こった場合の、迅速な被災者支援体制・制度の策定

2．自然災害（雪害、水害、地震他）防災に対する取り組み
・防災インフラの徹底的な整備
・防災を担う地域の体制の維持・整備
・迅速な被災者支援体制・制度の策定

2．食と農を守る責任

ＴＰＰから新潟の農業を守り、21世紀型の「農業大県」を実現します。

私は農家に生まれ育ちました。農業や医療など様々な分野に大きな影響を及ぼすにもかかわらず、情報が全く公開されていないＴＰＰから地域の多様な農業、小さな農業や家族農業を守るとともに、農業の新しい挑戦を支援します。

1．ＴＰＰ対策
・ＴＰＰが新潟県の農業に及ぼす影響の徹底検証と国への要請

2．地域農業保護対策
・「戸別所得補償制度」などの復活・充実強化の国

への要請

・価格変動他、不可抗力リスクに対する支援制度の策定

・新たな担い手と、地域農業のマッチングシステムの策定

・新たな担い手への、投融資制度の設立

3．21世紀型の「農業大県」への挑戦

・新潟産品のブランド化とブランドの育成

・新潟産農産物の輸出強化

・農業と観光の融合の支援

・新たな担い手への、投融資制度の設立

3．命への責任

医師・弁護士としてこの地域の人々に寄り添ってきた経験をいかし、「子育て・医療・介護・福祉　日本一の新潟県」を実現します。

1．子育て支援・少子化対策

・子育て世帯の生活支援　豊かでない子育て世帯に対する財政支援

・保育施設、特に病児保育施設の充実。

・公的な子育て支援施設の充実。公的子育て支援施設における幼児教育の充実。

2．中央と変わらない医療の実現

・医師・看護師にとって地域の臨床経験が生きるキャリアパスと、働きやすい環境を作り、医師・看護師を確保する。

・魚沼基幹病院、県央基幹病院を全面的に開業・運用し、地域における高度医療を実現する。

・基幹病院、地域医療機関との連携を高め、中山間地での医療体制を維持する。

3．新たな医療の創造

・県民医療ビッグデータを用いた、医学研究と県民健康の増進。

・県民健康ビッグデータの民間開放による、健康産業創設の支援。

4．誰もが安心して暮らせる介護の実現

・介護職員の待遇向上のための事業者支援制度の創設。
・県内市町村と連携した、各地域の適正な施設配分計画の策定。
・介護保険制度の適切で細やかな運用。
5．安心の福祉制度の実現
・均等な福祉施設の配備と維持。
・新潟水俣病の完全解決への取り組み。
6．拉致問題の完全解決への取り組み
・拉致問題の解決への取り組みの支援。

4．雇用への責任

企業と人が集まる「日本海側の表玄関　世界に開かれた新潟」を創ります。

新潟空港へのアクセスや県内交通ネットワークの充実、国際見本市の開催、自然エネルギー産業の最大活用、グリーンツーリズムや食のツーリズム・アートツーリズムの促進、中小企業支援による最低賃金アップで、新潟の産業を再生させます。

1．新潟の利便性の向上
・新潟空港と新潟駅の直接アクセス。
・格安航空や特徴ある路線の誘致によるオンリーワンの新潟空港作り。
・県内交通網の整備――不便を解消する細やかな公共事業。
・新潟港の整備による日本海貿易の促進。
2．企業・起業の支援
・新潟県企業の海外進出支援。国際見本市の開催
・民間の知恵を借りた起業支援制度の創設――新潟県版マネーの虎。
3．新産業の促進
・自然エネルギー企業への支援（新潟県版「グリーンニューディール」）。
・地域の観光資源とイベントを組み合わせたストーリーのある観光資源の創造（グリーンツーリズム、食のツーリズム、アートツーリズム）。

・県民健康ビッグデータの開放による医療・介護産業支援。

4．働く環境の向上

・新潟県企業の海外進出支援。国際見本市の開催

・中小企業の労働環境整備の支援による最低賃金上昇。

5．住民参加への責任

徹底した情報公開と住民参加でボトムアップの対話型県政を実現します。

情報公開を徹底し、対話の場を設け、県民の豊かなアイディアを新潟県発展と県民生活向上に活かす「対話型の県政」によって実現します。

1．一人一人が参加できる県政の実現

・知事を先頭にした徹底した情報公開。

・県内の英知を結集するための、定期的なタウンミーティングの仕組みの創設。

6．教育への責任

新潟の未来、日本の未来を作る子供たちが、一人一人の希望に応じて、豊かで、質の高い教育を受けることができる新潟県を作ります。

1．誰もが安心して教育を受けられる新潟

・新潟版「給付型奨学金」の創設。

・豊かでない子育て世帯に対する、幼児教育への財政支援制度の創設。

2．質の高い義務教育の実現

・新潟県の義務教育の質の向上のための、教員の研修制度の充実。

・部活動などへの外部人材の活用による、教員の働きやすい環境の整備。

3．芸術文化による地域創造

・特徴ある芸術文化への財政支援。

・芸術文化と観光資源の融合。

3 「オポジション」と野党の役割

対抗軸をつくるのが選挙の意義

　このように、政策の面でも米山候補は一定の説得力をもっていたと思います。しかし私は当初から、この選挙において何よりも大事なのは、無投票で知事が決まるのではなく複数の候補者が出て対立軸が生まれることだと思っていました。

　原発再稼働に反対してきた泉田知事が不出馬を決め、再稼働を容認する自民党側候補に対立候補が立たなければ、県民のあいだに広くある原発への不安は形にならないまま、県民は再稼働を容認したことにされてしまう。それでは民意の正しい反映とは言えません。だから私としては正直、候補者を出したことだけでも十分役割は終えたというか、なかば満足という気分もありました。もちろん勝ちたかったし、そのために必死で努力しましたが、「われわれの政策が正しいから候補者を立てる」ということより、「民主主義のためには対立候補が必要だ」ということを強調していました。

選挙は民主主義の手段であって、大事なのは知事の座についてから現実にどう政策を実行できるかだ、というのも一理はあるでしょう。けれども、ある立場の候補者しか選挙に出なかったら、有権者はその政策がよいかどうかと考える機会すら与えられません。それでは形式としての選挙はおこなわれても、実際には現状を追認するだけの装置に成り下がってしまう。全体主義国家の形ばかりの選挙と同じです。

だから、つねに対抗する意見の候補が立つことでオポジション（Opposition＝反対側の意見）を可視化し、対立軸を明確にして有権者に判断を問うことが大事なのです。複数の立場が表明され、それが拮抗《きっこう》するなかで人々が意思を表示し、議論する場が生まれる。そして、有権者はどんな意図をもってその候補者を選んだかをきちんと自覚する。それが民主主義の基本的な精神だと思いますが、日本の政治文化のなかでは、まだこの認識が希薄だと感じます。

野党の存在意義

これは野党というものの存在理由にもかかわります。野党とはオポジションの旗を立てるために存在するもので、現在の政権のありかたをつねに根本から批判し、そうではない方向性を提示することが基本的な任務です。たしかに、選挙で勝利した暁には政権を担う責任がありますから、無責任なことを言っていいわけではありません。しかし、そうかと言って「責任野党」を言い訳に現在の政治を追認しているだけでは、野党の役割を果たしたとは言えません。

ですから、「野党は反対してばかり」と揶揄《やゆ》されても「それが野党の役割だ」と胸を張って言えばいいのです。ただし、相手の言うことのとにかく逆を言う、いわゆる「逆張り」はもちろんダメです。なぜなら、それはむしろ相手に依存することだからです。たとえば安倍政権に対抗するのにも「反安倍」だけではどうしても弱い。それでは属人的な評価に見えてしまいますし、この政権を倒した先にどんな時代が来るかわからないと有権者は不安になってしまう。「多少悪くても、いまのほうがまし」という消極的な選択に負けてしまいます。

だから、「反〇〇」を超えて、どんな別の未来がありうるのか、それをあらわす言葉を野党は必死に考えなければなりません。必要なのは、自分たちの信念に基づく世界観・社会観をしっかりと持って、どんな政策テーマに関してもその世界観に沿って是非を判断し、政権与党がめざすのとは異なる未来のありかたを選挙民に示していくことです。それによって選挙民に、いま進んでいる方向が「この道しかない」のかどうかを自問する機会を与えることが野党の任務です。

つまりオポジションとは、究極的には社会のありかたの根本原理にかかわるビジョンであるべきで、そこから個別の争点の是非も導かれる。その意味で、脱原発か原発維持かというのはきわめてわかりやすい争点になりえます。原発の運用をめぐる政治問題は、たんにひとつの産業や電力供給源の問題ではなく産業構造全体、ひいては文明論にも通ずる非常に包括的なテーマだからです。

だからこそ、いまの官邸や経済産業省は、おそらく再稼働の問題を国民的議論にしたくないと思っているはずです。この問題は他の分野にも波及するので、突きつめれば別の国のありかたが浮かんできます。逆に言えば、それがいまだにできていない野党がふがいないということですが。

新潟では、多くの人の予期しない形でこの問題が県知事選の争点になりました。同じことをいま国政選挙でやったら政権を維持できないと官邸は自覚しているのではないでしょうか。ひとつの地域の選挙でありながら、「新潟ショック」は国政にも少なからずインパクトを与えたと思います。

野党は市民の伴走者になるべき

たしかに、この選挙は全国的にもとても注目していただきました。東京の市民連合や「さようなら原発アクション」などに取り組んでこられた著名人の方々が多数応援に来てくださいました。民進党は自主投票の立場でしたが、菅直人さんも（偶然を装って）来てくださり、最後には党代表の蓮舫さんも「個人の立場で」新潟入りして応援してくださいました。

もちろん共産党や社民党の下部組織も中心的な役割を果たしました。また前知事も陰ながら応援してくださいました。しかし、新潟の選挙でもっとも主体となったのは、広い意味での「市民」であったと言えます。参院選と比べてもはるかに市民主体のレベルが高まりました。しかも結果は6万3411票差で、参院選よりも票差がつきました。

当初、民進党の中で米山さんの名前が挙がっていながら擁立できなかったのは、世論調査などで勝てないと判断したからかもしれません。しかし、それは結果的には読み誤りでした。党内の関係性や党の立場ばかりに目が向き、選挙の大きな文脈や世論全体が見えていなかったということでしょう。

政党はたしかに選挙のプロフェッショナルですが、いずれの党も組織的基盤は弱体化しているので、今後も自分たちだけでやれると考えるべきではありません。市民の伴走者として一緒にやる意識が必要です。他方で、政治のプロには市民とは別のものも見えている。プロとアマチュアがお互いの視点を共有しあうことが大きな力になります。

ふたつの選挙を経験した新潟では、次の衆院選などでも市民と野党の共闘でやるというのが政党側も含んだコンセンサスになっています。もちろん、一人区の参院選や、事実上の大統領選挙のような知事選挙とは異なり、複数の選挙区がある衆院選は格段に難易度が上がります。候補者選定などで、各政党と市民がどのように納得できる形でことを進められるかは次の応用問題となります。そして、もっとも大切になってくるのが政策です。これも市民と政党がともにつくり上げていく必要がある。候補者選びに比べて政策づくりは開かれた場でできるので、もっと市民の声を反映した政策立案を共同でやっていけるはずです。

メディアとのつきあいかた

県知事選の発端のひとつに、泉田前知事と地元紙の「新潟日報」との確執がありました。それゆえ、選挙においてもメディアとの関係性は重要な課題でした。

新潟日報は、人口230万人の新潟県で公称約50万部、ほとんどの家庭で購読されている地元最大のメディアです。原発問題の報道でも鋭い報道をしているリベラルで良質な新聞です。しかし残念ながら、この件に関しては首をかしげるような報道が散見されました。

当時の日報は、対立を深めた泉田知事に対する批判が先行し、日本全体でいま何が争点になっているか、世論が求める争点とは何であるのかということを多少見誤っていたと思います。選挙報道も政党中心の古いスタイルで、市民政治の新しい文脈や歴史的な地殻変動についての感覚が弱かったのではないかと思います。選挙後、このような私の意見は親しい記者さんに率直にお伝えし、議論もしましたが、会社の立場を超えて賛同してくださる記者の方も多くいました。

しかし大切なのは、そもそもそういう率直な考えのやりとりができる、現場の記者やデスクの方々との関係性だと思います。「故郷をよくしよう」「いい仕事をしよう」という動機は同じなのですから、時にはぶつかりあったり議論しあったりしながらも、最終的にはお互いを信頼し、わかりあえることが重要だと思います。政党や会社などの大きな組織で働いているのも、結局のところ個人にほかなりません。組織には組織の論理がありますから、その組織の論理や限界を超えるためには、最終的には組織ではなく個人と対話し、個人に語りかけていくことが必要になります。

地元メディアの記者たちと顔の見える関係ができていれば、相手陣営の情報をさりげなく聴きだしたり、こちらの選挙の大義名分をしっかり説明したりすることができます。報道は各社の政治的立ち位置よりも、個々の記者の資質やセンスにかかっている部分が大きいというのが私の実感です。

また、私たち市民が選挙を闘う上で欠かせないのがネットメディアです。全国的に注目された選挙だったこともあると思いますが、参院選のとき以上に知事選ではツイッターやフェイスブックの発信が効果を発揮しました。とりわけ、既存メディアの記者がこちらのＳＮＳの発信を注視してくださっていたので、「今日、〇時から記者会見があります」といった発信をすると、

選対ニュース

その時間にちゃんと各社が集まるといった効果もありました。選挙が関心を集め、熱を帯びるにつれて、有権者の皆さんもＳＮＳの情報に注目してくれるようになりました。短時間にできるだけ多くの有権者に情報を伝える上でＳＮＳはとても有効でした。実際には十分できませんでしたが、ＳＮＳに特化したメンバーを割り当てて活動することも今後はさらに重要になってくると思います。

さらに、これは言うまでもありませんが、自前の速報媒体も有効です。参院選のときから「通信」の担当者が随時、選挙の手ごたえや活動のようす、候補者のメッセージなどのニュースを手づくりで作成し配布してくださいました。これは対外的な効果というよりも、自陣営の情報共有や士気高揚に役立ったと思います。

4　米山知事の誕生、そして市民の責任

6万以上の票差で勝利

こうして10月16日に迎えた投票日。開票結果は52万8455票（米山隆一）対46万5044票（森民夫）と、6万3411票の大差をつけての勝利でした。投開票の当日、選挙事務所で参院選のときのような腹痛は幸い起こりませんでした。二度目で多少は慣れていたということもありますし、そもそも今回の選挙の責任者である選対本部長は私ではなく森ゆうこさんだったからです。

選挙の関係者には怒られてしまうかもしれませんが、前述のように、私にとっては原発再稼働問題が争点になり、ここまで盛り上げることができたということで、万一敗けても新潟の民

主主義はすでに十分合格点に達しているという満足感もありました。

まだ早い段階でテレビ局から連絡があり、「当確は早くて20時に出る」という知らせを聞いていました。そのとき私ははじめて「ほんとうに勝てたのかもしれない」と確信しました。ただ喜びはほんの一瞬で、これからしなければならない山のような仕事をどのようにこなすのかを算段していました。そのために、「万歳三唱」のときも、参院選のときとは対照的に、会場の歓喜のなか実はひとり冷めていたように思います。

ただ、会場に駆けつけてくれた、これまで汗まみれになりながら一緒に選挙を応援してくださった皆さんの顔々を見て、あらためて感動が沸き上がり、同時に50万以上の人々が動いた、その「想い」の大きさについて考えました。

米山勝利はポピュリズムなのか？

米山候補が勝利した翌日、地元紙に、とある行政学者の論評が載りました。そこではなんと「イギリスのＥＵ離脱」「トランプ大統領就任」とともに「新潟のふたつの選挙」が並べられ、いずれもポピュリズム（大衆迎合政治）の結果だと論じているのです。

ふつう県知事選の後というのは、翌日くらいは（たとえその結果が不満であったとしても）一言エールを送るような記事が掲載されるものと思っていました。もちろんジャーナリズムの任務として、いわゆる「ハネムーン」の後は厳しいチェックや権力批判を始めるのは当然です。ただ、とりもなおさず県内多数の有権者が決定した結果で、またその有権者は当該メディアの読者でもある以上、翌日くらいはその結果を尊重するというのがふつうの扱いだろうと思っていました。しかし、有権者の決定の質そのものに根源的な疑いを投げかけるような批判をあえて掲載するという姿勢には正直とても驚きました。しかもその書き手である行政学者は、対立候補の陣営をはじめから積極的に応援していた人物だったのです。正直、報道のフェアネス（公正性）に抵触すると感じました。

ただ、この論説を読んで、民主主義のあるべき形としての民意の発現と、ポピュリズムとはどう違うのか、これをきちんと説明するにはどうしたらいいか、しっかりと整理する必要を感じました。

近年、米国のトランプ大統領の当選やヨーロッパでの排外主義的極右政党の急進などをふまえて「ポピュリズム」について議論されることが増えてきました。しかし、この言葉は学問的にも定義があいまいで、人によってさまざまなニュアンスをつけて語られがちです。「すべての民主主義はポピュリズムの要素をもつ」と言うこともできます。だから「ポピュリズムで何が悪い」という開き直った議論もできますが、私はポピュリズムと民主主義をあえて区別して議論することに意味があると思っています。先の行政学者の批判でも「ポピュリズム」という用語を明らかに否定的な意味で使っていますし、そもそも「国境に壁を造れ」というような主張と、原発の再稼働の是非を論じることを、同じ政治現象としてとらえることも理論的にきわめて粗雑であると考えるからです。

簡単に言えば、ポピュリズムと民主主義の大きな違いは、そこに参加する人々の動機や思想傾向であり、行動様式なのではないかと思います。たとえば私利私欲や一時的な鬱憤《うっぷん》晴らし、あるいは異質な者への恐れ、そうした潜在的な感情を利用して、ときにデマゴーグも使いながら大衆を動員していくのが否定的な意味でのポピュリズム（大衆煽動政治）だと言えるでしょう。

民主主義を支える気風

　では、ポピュリズムにおちいらない民主主義とは何か。先ほどの定義でいうなら、そこに参加する人たちが、私利私欲や怨恨《えんこん》や鬱憤ではなく、自分の暮らす地域や共同体の将来を考えて、何が最善なのかということを他者とともに理性的に判断し、その公共の利益のために必要だと思ったことに向けて自律的に体を動かすこと。こうした動機や心理に基づいている場合に、いわゆる「大衆社会」状況（かつてファシズムや全体主義を生み出したような、バラバラな個人が時の権威におもねり情動的に操作される状況）とは区別される、健全な民主主義であると言えるのではないかと思います。つまり「大衆」と「市民」をあえて区別して考えるということです。もちろん、私も含めすべてのピープル（民衆）は大衆であり市民です。しかしあえて区別すれば、「大衆」とはパンとサーカスの論理で権力に操作される他律的な個人、「市民」とは時間と空間にかならずしも限定されない「公共性」の中で活動する自律的かつ（極力）理性的な主体と考えるとわかりやすいかもしれません。このように私は、政治手法としてのポピュリズムだけではなく、政治にかかわる主体の性質や気風の問題としても、この問題を考えたいと思います。

たとえば、ひとりの政治家の行為を何でも信じ、許すという心性と、逆にその行為を何から何まで否定する心性は、実は通底しています。私たちやジャーナリズムがおちいりがちな、そのような傾向は、民主政治そのものの質を低下させます。市民が政治家を、その行為が公にもたらす結果のひとつひとつで冷静に判断する習慣が大切です。政治家に対して、市民は決して「ファン」であってはなりません。またその逆に、ある文脈で最悪の事態を引き起こした政治家でも、違う文脈では公の利益に貢献するかもしれません。あくまでも政治の主体は市民であり、その観点から個々の政治家の行為の結果の是非が判断されるべきです。

参加民主主義は手弁当の民主主義

このような、大衆迎合とは区別される本来の民主主義のありかたは、前述の「参加民主主義」と深い関係にあります。

私たち市民の選挙運動はほとんどが手弁当です。いったい私たちはなぜ、直接的な対価が与えられるわけでもないのに、黙々とシールを貼ったり、ポスティングをしたり、街頭で演説に立ったりするのでしょうか。

原発を受け入れよう、再稼働を推進しようという人たちには、政権与党や電力会社から選挙に必要な資源がふんだんに提供されるかもしれません。それに比べて私たちにはお金も組織もない。野党だってお金のないところばかりです。笑い話ですが、私たちの選挙対策会議で真っ先に議題になったのは「事務所でのコーヒーの飲みすぎ問題」でした。

お金や権力があるわけでもないし、時間がたっぷりあるわけでもない。それでも自分の体を動かして、何かできることをしたいと選挙事務所にやってくる方々がいます。それは何のためかといえば、たとえばある人にとっては自分の孫の世代のために持続可能なエネルギー社会をつくりたいということだったり、二度と戦争にならないような平和な社会にしたいということだったりします。いずれも私利私欲ではなく公的な動機に基づいているということが大事なのです。

悪い意味における「ポピュリズム政治」では、権力者が、有権者や選挙民を煽動されやすい大衆＝マスとみなして操作の対象にします。実際すでに、大手の広告代理店を使ってイメージ操作を旨とする選挙運動を大規模に実施している政党もあります。この文脈から、たとえば、安倍首相がなぜあれほど「印象操作」を気にするのかを考えるとよくわかるでしょう。

しかし参加民主主義の考えかたにおいては、有権者をあくまで判断力をもった多様な個人ととらえ、その個人が争点を理解し、自分で考えて投票行動を決める主体であると考えます。これは大きな違いです。人々はたんに投票日にだけ政治に参加するのではなく、政治参加のプロセスのなかで学び、成熟していきます。

市民選挙とお金

選挙にはお金がかかります。これは否応のない事実です。お金の話をするのはみっともないとか、市民の運動なのだから清貧であるべきという意識は捨てるべきです。参院選なら何千万円、知事選なら何千万円といった選挙費用の「相場感」も、選挙にかかわる市民にとっては必要な知識です。むしろ「選挙にはお金がかかる」ということを共有しつつ、「お金がない」とはっきり言ってしまったほうが、それなら体を動かそう、知恵を出そうという動きが出てくることになります。

私たちの選挙でも、候補者自身と各政党が一定のお金を出しあって選挙に臨みましたが、つねにギリギリといったところでした。一般市民や企業からの寄付も若干ありましたが、それでも十分というわけではありません。結局はその存在を確認できませんでしたが、数千万から1億円ともうわさされた「原発マネー」があるような組織の選挙と、市民による選挙は初期条件が違いすぎます。

しかしその一方で、選挙にかかるお金の大部分が人件費ですから、その部分を市民がボランティアで担うことができれば、かなり財政的には助かるのも事実です。運動で資金不足をある程度カバーすることもできるということです。

県政にかかわる市民の責任

こうして米山さんが勝利し、米山県政が誕生することになりました。しかし市民政治にとっては、選挙の勝利はいまだ「道なかば」という段階であることは知っておく必要があります。

私も、選挙が終わればすべてから解放されると思っていました。しかし選挙後間もなく、何人かの知人から「選んでしまった以上、選んだ側にも責任がある」と言われて、正直「いつになったら抜けられるんだ」と暗い気分になりました。

ただ、自分たちで選び出した代表について、それを引き続き支援しつつモニタリング（監視）し、ときに叱咤《しった》することもまた市民の責任です。市民と、市民が選び出した「市民政治家」との関係はいわば契約関係にあります。市民の立場からは、「あなたは○○を公約に約束したので私たちの代表になっていただいた。あなたに権力を付与しますが、万一約束を違えた場合は契約違反になるので、権力の座から降りていただきます」という関係です。「選び出した代表のアフターケア」という、市民にとって次の課題がここに浮上します。

選挙から行政の論理へ

ちょうど同じころ、鹿児島県で同年7月に誕生した知事の行動が問題となっていました。この知事は、「川内《せんだい》原発を止め」「県庁内に反原発の立場の委員を含めた原発問題検討委員会を設置する」という「脱原発」の政策を訴え、新潟と同じように、市民の広範な賛同を得る形で当選しました。しかし知事になった途端、電力会社に対して弱腰となり「変節」を疑われるようになりました。応援していた市民もしだいに知事に連絡がとれなくなり、自分たちの不安や疑問を直接確かめることができなくなったと聞きます。いったい何が起こったのかの検証が必要ですが、知事は知事になった途端、選挙のときとは異なるさまざまな力に取り囲まれるということは、私たちも知っておいたほうがよいと思います。

選挙は勝つか負けるか、ある意味で単純なゲームです。しかし行政は、選挙で自分に投票しなかった有権者も含め「構成員全員」の立場に立っておこなわなければなりません。むしろ負かした相手の勢力に気を遣うことも大切になります。投開票の次の日から、敵対した勢力とも「一緒に」できるだけ心をひとつにして政策を進められるよう細心の注意が必要です。

原発立地自治体で、原発推進の行政が長期化していた自治体はとくにそうだと思いますが、知事が替わっても県庁の役人や県議会は通常しばらくそのままです。もちろん知事には人事権があるので、就任したらすぐに県庁幹部の顔ぶれを刷新することも、理屈としてはできます。しかし、それを急激にやることで行政内部に反発が生まれ、仕事がうまく進まなくなる可能性も想定しなければなりません。そして、新潟のように県議会が自公系の議員で固められている場合は、野党統一候補だった知事は、議会運営でもことごとく苦労することになります。

県行政では、このような巨大な県庁組織（幹部）や、そことつながった議会多数派に加え、原発を推進する官邸や経産省をはじめとする中央官庁、地元財界やメディアなど、きわめて多くのアクターと同時にやりとりしなければなりません。たとえば新潟県は人口約230万人、予算も1兆数千億円ありますから、いわば巨大なゾウです。選挙に勝ったからといって短期間に右から左へと思い通りに動かせるものでもありません。

また知事も人間ですから、相当強い信念に支えられていなければ、毎日仕事で多くの時間を過ごす職場の論理に、知らず知らずに引きずられていくというのは十分に想像できます。毎日のように催しや会合があり、あいさつをして回らなければならないと奔走しているうちに、時間配分も仕事内容も、公約に謳《うた》われた基本政策からしだいに遠ざかってゆく可能性もありえます。

このような課題に、市民はどのようにかかわっていけばいいのでしょうか。いずれもまだ手探りですが、選挙にかかわった市民が「一度選んだのだから後は知らない」というのもやはり無責任ですし、他方で、これまでよくあるように「後援会」や「ファンクラブ」をつくって政治家を物心両面でただ支援し続けるというのも違う気がしています。

選挙結果はもっとも重要な民意の表出ですが、それは表出方法のひとつでしかありません。

選挙後に民意が裏切られないようにするためには、選挙が終わっても引き続き多方面からの働きかけが必要になります。まずは県政への普段の関心を、市民がもてるようなしくみづくりが重要かもしれません。

特別座談会
山口二郎さん×市民連合@新潟

山口二郎（法政大学教授、立憲デモクラシーの会共同代表、市民連合呼びかけ人）

横山由美子（新潟ＹＷＣＡ会長、新潟に新しいリーダーを誕生させる会共同代表、おらって にいがた市民エネルギー協議会副代表理事）

磯貝潤子（市民連合＠新潟共同代表、安保関連法に反対するママの会＠新潟、おむすびの会）

水内基成（弁護士、市民連合＠新潟共同代表）

佐々木寛

佐々木　県知事選からまもなく1年ですが、この座談会では「市民連合@新潟」そして「新潟に新しいリーダーを誕生させる会」でともに闘った皆さんと、このふたつの選挙を振り返ってみたいと思います。本文ではあくまで私の視点で描いていますが、複数の視点を重ねることでより立体的に見えてくるものがあるでしょうから。さらに、東京の市民連合からたびたび応援に駆けつけてくださった山口二郎先生をゲストにお迎えして、政治学者としての視点からの評価をいただければと思います。

最初に自己紹介もかねて、なぜ市民連合に参加することになったのかを話していただけますか。

原発事故がそれぞれの転機に

水内　新潟で弁護士として働いて15年目になります。学生のときはもちろん憲法にも興味があったのですが、原発事故後に避難者の支援や、柏崎刈羽原発の差し止め訴訟の代理人を務めたりもするなかで、自分の子どもが小さかったこともあり、市民として政治にかかわる必要を感じはじめました。その後、特定秘密保護法や安保法案がクローズアップされたときに、佐々木先生と一緒に「戦争をさせない1000人委員会にいがた」の共同代表になって、その流れで市民連合@新潟でも共同代表になりました。佐々木先生に引っ張られながら、なんとかついてきたという感じです。

磯貝　私は、原発事故のとき福島県（郡山市）に住んでいたんですが、娘2人を連れて新潟に母子避難しました。それまでは、まったく運動とか興味もなかったんですけど……。

佐々木　サーファーだったんですよね（笑）。

磯貝　そう（笑）。家とか人間関係とか、捨てきれないものを無理やり捨てて、子どもたちと身ひとつで逃げてきたという感じでしたから、これ以上子どもにとってよくないことは絶対に嫌だという気持ちが強くて。だから、震災がれきを新潟の焼却場で燃やす問題とか、避難者の権利にかかわる請願などにもかかわって、あちこちの集会でスピーチをしたりするようになってきました。

そういう活動をしながらも、母子での生活はいっこうに楽にならないし、追い込まれた気持ちのところへ今度は安保法制が持ち上がって。「今度は戦争かよ‼」という感じで居ても立ってもいられず、県内のママと「安保関連法案に反対するママの会@新潟」を立ち上げて、2015年には東京でのデモにも何度も参加しました。

そういうなかで政党の人たちとも知りあってできた人間関係が市民連合のベースになっているのかも。そうやって、いつの間にかこんな遠くまで来たという感じです（笑）。

横山　私は新潟ＹＷＣＡの会長をしています。ＹＷＣＡというのはキリスト教に基づいて平和活動や女性のリーダーシップ養成にとりくむ国際的なＮＧＯなんですが、もともと義母が参加していて、声をかけられたのがきっかけでした。当時は政治にもあまり興味なくて、新聞はテレビ欄から読むような人だったんですが。それでも、子どもたちが小学校に入ると君が代の問題に直面したりして、自分ひとりで動いてもダメだし学ばなければダメだということがわかってＹＷＣＡの活動に積極的に参加するようになったんです。

ＹＷＣＡは３・11以前から、原子力の利用も含めて核に反対していたので、それが理由で離れていく人もいたんですね。でも３・11の事故の後、やっぱり原発は危険だったんだということで活動に戻ってきた人も多くいました。福島県からの避難家族の支援や保養プログラムなど、６年経った現在も継続しています。

磯貝　私たちも、とっても助けてもらいました。

横山　私は事故直後から、「子どものいる家庭はとにかく避難したほうがいい」とあちこちで言っていたのですが、一方で福島の知人には「事故後もここに住んでいくと決めました」

という人もいて。それはいったいなぜなんだろうと考え込んだときに、政治が果たすべき役割を果たしていないからじゃないか、と無力感と腹立たしさを覚えました。

そして3・11後の新しい生きかたを問うなかで、いまだけ、自分たちだけ良ければいいという論理を超える新しい新潟をつくりたいと、佐々木さんや飯田哲也さん（ISEP環境エネルギー政策研究所長）とともに「おらって　にいがた市民エネルギー協議会」をスタートさせました。「反対」や「要請」ではなくて自分たちで実際に理想の姿を実現してみる可能性に希望を持ったんです。でも、安倍政権はそうした活動の積み重ねも台無しにしてしまいかねない。やはりそれには「NO」と言わなければ、と思いました。

市民連合に参加する前には、選挙＝政党がやるものという意識は自分にもありました。でも、そういう「お任せ民主主義」じゃダメだ、市民が自分たちで考えて動くということが当たり前にならないといけないと思って参加しました。

選挙運動で感じた熱気と手応え

佐々木　参院選、県知事選と立て続けにふたつの選挙を経験して、印象に残っているシーンはありますか。

磯貝　参院選では私は上越方面の津南とか魚沼の応援に入ったんですが、選挙の街宣なんてやったこともないのに突然マイクを持たされて、けっこう無茶振りでしたね（笑）。「何時ごろ森さんが来るからそれまでつないでおいて」とか。私、候補者でもないのになんで？　と思いながらもとにかく喋って、森さんが来たら交代、みたいな。でも、そんな私の話ですら街頭で熱心に聞いてくれる人がいるのは驚きでしたし、「これ、変えられるんじゃない？」って思った。

磯貝潤子さん

知事選ではもっと体制がしっかりしていたから無茶振りはなかったけど、最終日の街宣のとき、どこから湧いてきたのかと思うほど人が大勢いて。これ絶対に動員なんかじゃないよね？　こういうのを熱気って言うんだな、と。気が緩まないように口にしなかったけど、「勝てるんじゃないか」という確信みたいなものはありましたね。

電話掛けしていた人たちも、参院選以上に手ごたえを感じていたみたいですよね。

水内　電話がずらっと並んだ事務所にボランティアの方々が入れ替わり立ち替わりやってきて、米山さん支援を訴える電話をかけまくっていましたね。一人ひとりが自分の言葉で熱心に語りかける。そうやって無数の市民が、自分のプライベートの時間を犠牲にして協力してくれたことが強く印象に残っています。

山口　私も参院選、知事選とそれぞれ応援に来ましたが、スーパーの駐車場や公園のようなところでマイクを持って喋ると、主婦や高齢者の方が足を止めて聞き入ってくれたのが印象的でした。古賀茂明さんと一緒だったからというのもあると思いますが（笑）。その熱心さには私も手ごたえを感じましたね。

２０１６年の参院選では各地の選挙の応援に飛び回りましたが、実をいえば、野党共闘といっても政党や労働組合の地域組織中心の地域もありました。その中で新潟の選挙は掛け値なしに市民の手づくりという感じで、他の地域にない個性でしたね。

選挙の中でのドラマ

横山　私は参院選では街宣車に立つことはなかったのですけど、応援演説やビラまき、練り歩きに行く人たちにも「一人ひとりが森ゆうこさんの分身になったつもりで訴えましょう」と言われていたので、気持ちとしては同じように思っていましたね。

でもやっぱり、何よりも強く印象に残っているのは投開票の当日、99%まで開票が進んでも決まらなかった、あのハラハラ感。いったい何時に寝られるの？　と思いながら事務所のテレビの前で待っている時間の長かったこと。

佐々木　零時近くでしたものね。

横山　当確が出たときは皆さん、ほんとうに跳ねてましたよね（笑）。森さんとも抱きあって喜んで。

知事選では「新潟に新しいリーダーを誕生させる会」の共同代表に就かせてもらって、9月23日の米山さんの出馬記者会見にも出ました。県庁の会見会場で、市民連合上越の馬

横山由美子さん

場秀幸さんと私、そして森ゆうこさんで座って待っていたんですが、ほんとうに米山さんが来るかわからなかったのでドキドキで。森さんは「3時までに来なかったら会見中止だからね！」って。そうしたら、3時ギリギリに米山さんが走って入ってきて、息を切らしながら席に着いた。

佐々木　あれはドラマチックでした。

横山　そんな感じだから、市民のあいだにも半信半疑というか、不安はあったと思います。だけど、記者からの質問で「米山さんは過去に原発を容認していたんじゃないですか」と突っ込まれたとき、米山さんは「自分が間違っていたということです」と言い切った。それを聞いて「へえ、かっこいいな」と、米山さんに対する信頼が生まれた気がしましたね。

佐々木　なにしろ、あの直前に離党届を出してきたんですからね。

横山　その覚悟というか、風をまとって来たという感じでした。

家庭も仕事も大事、だけど……

佐々木　大変だったことや苦労したエピソードなどはありますか。

水内　実際の選挙戦に入ってからは時間との闘いです。毎夜、市民と政党関係者が集まって会議や打ち合わせ。街宣のスケジュールを組んだり、県外から応援に来てくださる著名人の方々をお迎えしたり……。単純に、体がいくつあっても足りない。市民といってもそれぞれ仕事もあり家庭もありますから、限られた時間の中でのやりくりは大変ですよね。「休みたいときに休むのは自由」とお互いに言ってはいましたが、そうもいかない。

磯貝　私も、家庭や仕事との両立はめっちゃ大変だった！　朝ご飯作ってお弁当も作って、帰ってきたらすぐ何か出せるように準備してから出かける。帰宅した後も子どもたちの世話やメンタルのケアもしなきゃいけないし。選挙中は「ママいっつもいないじゃん」って愚痴も言われて。疲れ切って職場でもぼーっとして、選挙に勝つのが先か私がクビになるのが先か、なんて思ってました（笑）。

佐々木　あの時期は大変でしたね。お2人にも申し訳なかった。

水内　でも、そのなかでも磯貝さんはお子さんのことをいつも気にかけて、すごいなあと思いましたよ。

磯貝　守りたいのは自分の生活だから、それが第一というのは確かなんだけど、生活を守るためにも勝ち取りたいことがあるから選挙をやっているんですよね。生活優先って決めてしまうと限界も生まれてしまう。今晩帰ってご飯を作ることの大事さと、将来にわたって自分や子どもの生活を左右する平和とか原発の問題の大事さはまた別じゃないですか。子どもたちにもそういう話はしてきて、しょうがないなと思ってくれてはいたのかな。

横山　私も長くボランティア活動をしてきて、それはずっと抱えてきた悩みでした。子どもから「いつもママいないね」と言われてね。いったい何を大事にして生きているのかと自問しながらやってきた。でも、どうしてもこれはいまやらなければいけないことなんだと自分に言い聞かせてきたし、まわりの理解のおかげでやれているんだってことも、家族や仲間に伝えてきたつもりです。

米山さんの選挙戦の最中に母が倒れて介護が必要になったんです。自分もはじめての体験だから、こんなことしていていいのかという気持ちになりました。だけど、私がずっと張り付いていれば母がよくなるわけでもないし……。事務所に顔だけ出して、あいさつだけで帰ることもあったし、シール貼りも「ごめんね、この100枚だけやって帰るね」ということもありました。役に立てなくても顔は出したいんですよね。そういう時間と気持ちの調整は悩みでした。

磯貝　シール貼りなんて最終的に誰かがやるから自分じゃなくてもいいんだよね。でも、少しでも役に立ちたいから。

横山　「できる人ができる時間に、できるだけのことをやればいい」というのはボランティアでもずっと言ってきた原則で、選挙運動も同じです。だけどやっぱり気になるから、行けないと苦しいし焦る。でも、そこで仲間を信頼して任せるっていう割り切りも必要なんだと思います。

水内基成さん

まとめ役になる人の気苦労

水内　市民も政党関係者も、それぞれバックグラウンドが違いますから、ちょっとしたことで齟齬《そご》や対立も生じます。参院選後の市民連合の総会で確認したことですが、「われわれの運動は乗り降り自由の、ゆるやかな個人どうしのつながりです。大きな目標さえ共有できていれば、各人がそれぞれやりたいと思ったときにやるのでよくて、義務感でやる必要はないんです」と。折にふれてそういうことを互いに言ってきたので、大きな対立や分裂もなく、いままで続けることができたのかなと思います。

佐々木　水内さんはいつも事務局を担当してくださったので大変でしたね。

水内　板挟みになる立場の人というのはどうしてもいます。政党と市民のあいだにも、市民どうしのあいだにも接着剤の役割をする人が必要です。一人ひとりが人間ですから、どの党に所属しているかとか、過去に何をしてきたかというのは、その人を構成する一要素にすぎない。その一面をもって一色に染めた見かたをしてしまうのはよくないです。でないと弱いものどうしが対立する罠にはまってしまう。そういうことも、実際に選挙に携わってみてはじめて実感したのですが。

磯貝　でも実は水内さん、静かにキレてましたよね（笑）。

水内　え、私が？　そんなことありましたっけ。都合の悪いことはすぐ忘れてしまいます（笑）。

佐々木　この温厚な水内さんがキレるほど大変だったということですね（笑）。

こういった悩みや気苦労は、全国の市民が抱えているものでしょうね。しかし、政治学者はそういう市民の小さな経験をほとんど重視せずに来たと思います。

山口　政治学者がする選挙分析は正直あまりおもしろくないんですよね。すべて票の多寡に還元してしまうから。一方で、いまのお話のような一人ひとりの悩みやがんばりが、結果どれだけの票になってあらわれるかというのも検証しようがない。だけど実際には、それがなければ絶対に市民の選挙で勝利は得られないんですね。そのダイナミズムに政治学者はもっと目を向けなければいけないと痛感します。

本書の原稿を読ませてもらいましたが、政治学者として、日本の政治学に新しい刺激をもたらすものだと評価しています。私たちの大先輩にあたる先生方が、長年にわたり民主主義論や市民社会論といった形で市民の政治参加の大切さを説いてきました。けれども不思議と、政治学者自身が実際の選挙に関与することは少なかったんです。「政治とは悪さ加減の選択だ」とか「政治は可能性のアートである」とか、政治学者の常套句《じょうとうく》なのですが、実際に地を這いながらそれに挑戦した人はまれです。

私は市民連合の旗を振りながら、いわば鳥の目で全国の状況を見ていましたが、佐々木さんは虫の目で、まさに地べたでさまざまな障害物と格闘しながらふたつの選挙を勝ち切った。理論と実践の一致という意味でも実に貴重です。

周囲の人に伝える工夫

佐々木　そうした苦労のなかで学んだ教訓や、全国の市民の皆さんが応用できる「技」はありますか。

磯貝　大部分の人たちにとっては選挙って「そういえば、今度あるらしいね」程度のものだと思うんですよね。でも私がそうやって必死に応援して、新聞やテレビに出たりもすると職場でもだんだん周囲にわかってくるじゃないですか。そうすると今度は「実際のところはどうなの?」と私に尋ねてくる人も出てくる。もちろん支持してくれる人ばかりじゃないんだけど、身近にそうやってがんばってる人がいるということで、選挙自体に興味をもつきっかけにはなるんですよね。そして話しているなかで、自分がなぜ必死にやっているか、候補者のどこをいいと思っているかを生活者の言葉で話すことができる。そうすると中には「難しいことはわからないけど、磯貝さんがそんなに応援してるなら入れるよ」と言ってくれる人もいて。

もちろん、政策とか国政レベルでの意味とかも理解して投票してくれるのがいちばんいいんだけど、そうやって中間で動いている私たち市民の存在が、候補者のよさを伝えるひとつの道筋になるんだろうなって。

佐々木　磯貝さんはそうやって、ふつうの人の言葉でどう伝えるかということを真剣に考えていましたね。SEALDsや東京の市民連合のスタイルを取り入れることを提案したり。

磯貝　きれいなプラカードを作ったり、「フェス」とか言ってみたり、第一声でも「ガンバロー」をやらないとか、見せかたをいろいろ工夫しましたよね。その結果として、なんだかこれまでの選挙とは違う、市民が主体なんだってことは何かしら伝わったと思う。

たとえ全部を理解してくれなくても、いざ投票所に行ってどっちに入れようかというときに、自民じゃないほうに入れてくれる可能性は高まったんじゃないかと思いたいです。

横山　私もずっといろいろな活動をしながら、台所と政治、リビングと政治がつながっているんだということを伝えたいと思ってきました。そのなかで針生《はりう》一郎さん（美術評論家、和光大学名誉教授、1925年―2010年）からいただいたメッセージが「言葉を研ぎ澄ませなさい」と。人に伝えるときに、目の前の人に伝わる言葉を工夫しなければ伝わらない。具体的な人を念頭に、どういう言いかたならその人に伝わるだろうと考える。そういう日頃の蓄積が選挙にも活きたなと思うところはあります。たった数週間の選挙期間だけ、どんなに名前を連呼しても信じてもらえませんよね。日々の活動の積み重ねのなかで生まれた信頼関係ほど強いものはないんです。

水内　当たり前のことですが、自分が見ている世界だけがすべてではないと自覚しておく必要がありますよね。自分にとって当たり前だと思うことでも相手には違って見えている可能性とか、その人から見える世界を想像して考えると、伝えかたも変わってきますよね。

具体的にニーズを伝えて呼びかける

水内　ふつうの人の中にも、それなりに選挙への関心はあると思うんですね。その人たちが一歩進んで「じゃあ選挙事務所に行ってみようか」となるかどうかが大事だと思う。そこのハードルを下げる工夫はできると思うんです。

上越の事務所ではママさんたちが明るい飾り付けをしてくれたり、赤ちゃんを連れてくる人もいたりして。僕たちの事務所ではポスターのシール貼りを競争にして、誰がいちばん貼れるかというのをやっていました。だんだん上達していくんですよね（笑）。そうやって楽しさを作って、行くと何かおもしろいことがあると思ってもらえたらいいですよね。

手伝いを募るときも、漠然と「来てください」ではなくて「何日の何時から何時まで、シール貼りするので手伝ってください」と具体的に発信すると、「その時間なら空いてるから行ってみようか」と思ってもらえる。

佐々木　ニーズを明確にして発信するということですね。

磯貝　何をやらされるのか、そもそも人手が必要なのかどうかも外からはわからないものね。シール貼りくらいならってなるとハードルが下がりますよね。

水内　そういう発信のしかたを工夫するのが、呼びかける側の技術なのかなと。

横山　それに、他でもない「あなたの力が必要です」と伝えること。「何百人必要なんです」ではなくて、固有名詞を持つ「あなた」の力を借りたい、とお願いする。これは事務所スタッフの山本一哲さんがいつも言っていたことでした。

佐々木　誰しも、ほんとうは人の役に立ちたい、社会に貢献したいという根源的な欲求がありますからね。

世代と党派を超えた連帯

水内　一哲さんは県知事選のときの電話掛け作戦のまとめ役のひとりで、ボランティアでやってくる市民の一人ひとりにていねいに電話掛けのしかたを教えてくれました。

横山　彼は年長者だし、何十回も選挙に携わってきたベテランだから確立したやりかたがあるはずなんですね。だけど、この選挙では「僕は若い人たちのやりかたに賛同する」と言ってくれたのにすごく驚いた。「いままでのやりかたでは勝てなかったんだから、今回は新しいやりかたに乗ってみよう」と、ベテランの人たちを説得してくれた。

磯貝　かっこいいね。

佐々木　昔ながらのやりかたを押しつけない、柔軟なシニアの存在が重要ですね。

横山　市民連合の中でも、それまで別々にやってきた政党や組織が一緒にやるわけですから、こちらの正義とあちらの正義は違うし、時にはぶつかる。選挙のやりかたにしたって、それぞれ流儀と言い分があるわけですから。

磯貝　私はそういう対立をあまり見てなくて、むしろこの事務所では素晴らしい奇跡が起こってるんだなーってひとりで感動してました（笑）。いろんな政党の人たちが事務所でお昼食べながら「何年のあの選挙のときは……」って昔話をしてる。その選挙のときはみんなそれぞれ別の陣営にいた人たち。それがいま一緒の候補を推して協働してる、それは素晴らしいことだなって。

誰かひとりが仕切るわけでもなくて、みんなが一歩ずつ下がりながら、真ん中の空いた空間に佐々木さんや私みたいな市民が出て喋るという感じ。でも、私たちがわからないことや不安なことがあれば、そういう選挙のプロたちがしっかり支えてくれる。それはベテランの皆さんの理解のおかげだし、その背骨には「二度と戦争をしてはいけない」って信念があったんだと思うんですね。それは政党ごとの利害や歴史を超えるものだと思う。

横山 でも、いままではそれができなくて当然だったのよね。それができたんだからすごいことよ。

日本の民主主義のポテンシャル

山口 皆さんのお話を聞いていて、政治学者としてある種の感慨を覚えますね。

私が若いころ、90年代初頭の政治学の世界では、篠原一先生（東京大学名誉教授、1925年—2015年）が「デモクラティック・ポテンシャル」（民主主義の潜在力）という言葉を使って、89年以降の社会党の土井ブームや細川連立政権による政権交代を論じていた。農協や労働組合といった組織票で動いた従来の選挙ではなく、しがらみを抜け出して主体的に動く市民があらわれてきたということを、篠原先生は民主主義の前進として論じていたのです。

でも、当時のポテンシャルというのはまだ、政党が用意した新しそうに見える選択肢を有権者が選ぶという範囲にとどまっていたと、いまから振り返れば感じます。30年近く経ったいま、市民がここまで主体的に選挙にかかわりオルタナティブをみずから生み出しているということに驚きます。それは裏面から見れば、保守・革新の双方で組織が弱体化して、既成政党がカバーしきれない部分がますます増えているからこそ、市民が動く領域が広がっているということなのですが。

ふだん悲観的なことばかり書いている私ですが、ここは楽観的にとらえて、篠原先生に「先生がおっしゃっていた日本の民主主義のポテンシャルはますます広がっていますよ」と伝えてあげたいなと思います。

佐々木　ちょっと泣けますね（笑）。私も各地の市民連合などに講演に呼ばれて行って、日本の民主主義のポテンシャルをますます確信しています。

山口　市民連合の設立を呼びかけた私が言うのもなんですが、日本中でこんなに市民連合が立ち上がって、選挙に影響を与えるとは正直思っていませんでした。

山口二郎さん

佐々木 60年安保のときとも違いますよね。

山口 違いますね。当時はまだ既存の政党や労働組合が強い影響力を持っていましたから。いまはそれがあてにならないからこそ、市民連合が必要になっている。もちろん労働運動で長年がんばっていた方々が支えてくれている部分もありますが。ボランタリーな市民によって下から湧き上がるような、まさに草の根の全国的な運動というのは過去に例がないと思います。

佐々木 篠原先生や松下圭一先生（法政大学名誉教授、1929年―2015年）が聞いたら喜ぶと思いますよ。こんなにも日本の市民は成熟したのかと。

山口　その分水嶺になったのはやはり2015年の安保法制ですね。あそこで高まって結集した市民の力が、各地に根づいて政党政治に食い込んでいくきっかけになった。街頭の運動からスタートして、やはり国会の中身を変えなければならないという意識を共有するに至ったことには大きな意義があります。

佐々木　そのポテンシャルを今後はどう継続させていくかが課題ですね。

山口　たしかに、いつも全力で運動し続けることはできませんから、継続のフェーズをどうつないでいくかも大事ですね。

生み出した知事をどう支えるか

山口　米山さんが県知事になって、行政に対する市民のかかわりかたは変化しましたか。知事になったからといってすぐにすべてを変えることはできないので、市民としてはフラストレーションがたまることも多いと思いますが。

佐々木　議員や知事を誕生させた後の市民のかかわりかたという問題ですよね。米山さんに対しては、たんなるこれまでのような後援会にはしたくないので、「新潟の新しい未来を考える会」という開かれた全国組織を結成して、そこでは定期的に知事を呼んで考えを聞くタウンミーティングを開催しています。もうひとつ「新潟の新しいリーダーを支える会」というのもあるのですが、こちらも定期的に知事と会合して、率直に意見を言いあっています。

磯貝 前と違うのは、不安に思ったり疑問があるときには知事に会いに行って質問できることかな。いままでは抗議したり請願したりすることはあっても、ちょっと疑問だから聞きに行くということはなかったじゃないですか。距離感が近くなったし、私たちが生み出した知事なんだからっていう責任意識はあると思う。

水内 当選した後にも原発に対する姿勢を維持してくれるか不安だという声は市民にもあるので、その疑問に応える場をつくっていく必要はあると思っています。

佐々木 幸い、いまのところ米山さんは非常に積極的に市民と対話をしていますので、それを継続してほしいですね。

横山 市民の側も、監視するという意識は大切ですけど、一方で信頼して知事の判断に委ねるという部分も必要じゃないかな。ずっと監視されているだけでは知事も窮屈ですから。

3・11から何を学ぶか

佐々木　先ほど皆さんに話していただいた来歴を聞いてもそうですが、やはり多くの人が政治に参加するきっかけになったのが3・11の原発事故ですね。

山口　やはりあの経験は大きいですよね。SEALDsの若者たちもそうですが、多くの大人にとっても、世の中のことを考える原点に原発事故があると思います。

一方で、現実政治の世界では、あの事故をなかったことにしようという強い力が働いています。震災後、たくさんの学者や識者が「3・11は第二の敗戦で、これを教訓に日本は変わらなければならない」といったことを言いましたが、現実はまったくそうなっていない。安倍政権がしようとしているのは、むしろ歴史の消去です。

何かのできごとがあっても、それだけで世の中が変わることはなくて、それを「意味づける」作業を経てはじめて変わるのです。しかし日本の政治家も官僚たちも、その意味づけの作業を放棄した。大勢の市民や若者がそこから社会と自分のかかわりを考えるようになったのに、国政の中心にいる人たちが真っ先に忘れようとしているのです。それに対して市民・国民の側から「忘れてはならない」「なかったことにしてはならない」と訴えることが、震災後の日本政治の大きな対立軸になっているのではないか。

さらに次の転機として2015年の安保法制があったわけですが、その切実さが運動の本気度を担保してきたのだろうと思います。

佐々木　原発事故も戦争も、ふつうの市民の生命や生活にダイレクトに影響する問題ですからね。

磯貝　まさに生命の危機……。

佐々木　その点を学問的に意味づける必要は私も感じています。3・11を「第二の敗戦」と呼ぶのなら、どのように敗けたのかということを、もっと深く掘り下げて意味づけなければならない。第一の敗戦と同じように、経済的にも文化的にも深く広い影響があったはずなのです。新しい課題に取り組みながらも、何度でもその原点に立ち戻って確認していかなくてはならないと思います。

チェルノブイリ原発事故の5年後にソビエト連邦が崩壊するのですが、事故によって国民のあいだに生まれた体制への不信感や変革への欲求が、めぐりめぐってソ連崩壊の引き金を引いたという議論もあります。そうだとすれば、日本でもまだ3・11の影響は続いていて、今後大きな変化に帰結することは十分ありえます。

横山　原発事故前には東電が「五重の壁で守られていますから放射能は絶対に漏れません」と言っていたのがあっさり崩壊した。なのに、6年経ってまた「安全です」と言いはじめているじゃないですか。それに対して、私たちは絶対に忘れない、忘れさせようという巨大な力に抗い続けるということが、せめてもの抵抗なんだと思います。

佐々木　いまは原発に加えて憲法9条も争点になっていますが、ここでもやはり、理屈抜きの素朴な感覚として市民の中にある「戦争はいけない」という思いが大事だと思います。原

佐々木寛

発事故も戦争も、「怖い」「二度と体験したくない」という身体的な感覚は決して軽視してはならないものですよね。

磯貝　私の娘の同級生も福島に残った子が大勢いて、これから10年、20年経ってからもみんな健康で同窓会に集まれるのか。そんな不安をずっと抱えていくと思うんですね。そういう庶民の不安に真剣に向きあって、将来も困らないように保障してくれる政治になってもらわないと……（声を詰まらせる）。

水内　事故が起こったのはたまたま福島でしたが、いまのような政権が続く限り、どこで事故が起きてもおかしくない。他人事じゃないって感覚がありますよね。直接こうして話を聞けば、それは理解できるはずだと思うんですが。

磯貝　3・11前の自分がそのことに気づけたかといえば、気づけなかったと思うんですけど。だからこそ、原発事故を経験した自分にとっては、いま憲法が変えられても「大丈夫、戦争になんてならないよ」とは思えない。

でも、そうやって気づけるのも、周囲に先駆けて動いてくれる人たちがいたからなんですよね。かつての私のように無関心な大部分の人たちが気づいてからではもう遅いのかもしれない。そこをなんとか早く気づいてもらおうと必死でメッセージを出しているつもりです。

山口　原発事故はいろいろな国の政策を変えさせたのに、なぜ日本だけが変わらないのか、と海外でも聞かれますが、これは日本人全体に突きつけられた問いだと思います。政治の課題は原発問題だけではありませんが、やはり原点として無視できない。政治権力がなかったことにしようとするのに対して「いや、なかったことにしてはならない。私たちは学ばなければならない」と言い続けるのが私たち市民の役割なのだと思います。

佐々木　今日はありがとうございました。これからも一緒に進んでいきましょう。

（２０１７年9月13日　新潟市内にて）

3章　新しいデモクラシーを育てる

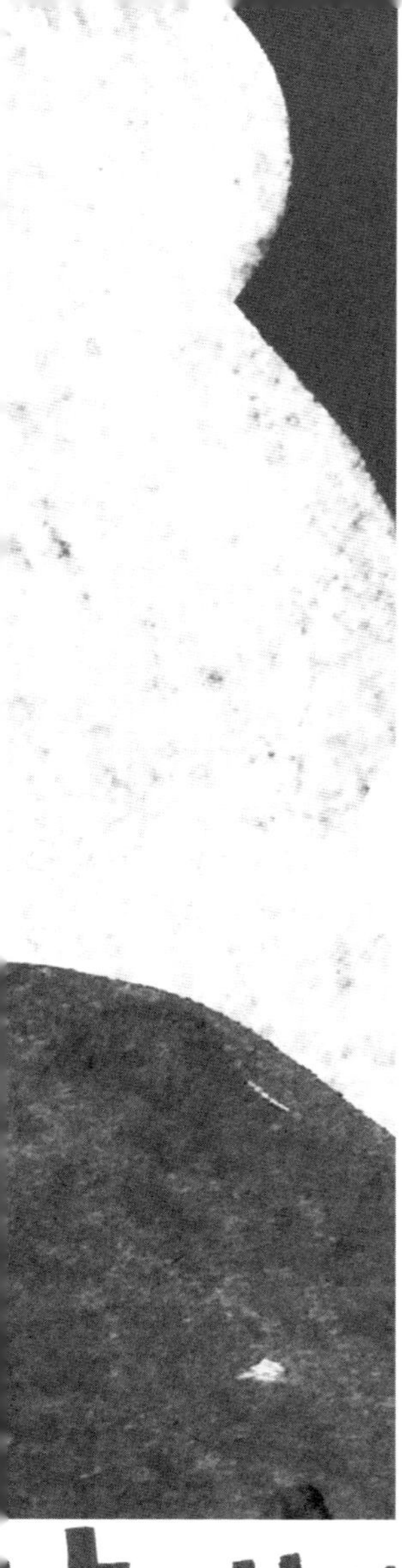

1　技《アート》としての市民政治

ここまで、2016年に私が関与したふたつの選挙の経験を、ごく簡単にふりかえってきました。そのなかで、全国の市民にとって参考になると思われる教訓をできるだけ引き出してきたつもりですが、果たしてそれが皆さんに直接お役に立つものかどうかはわかりません。政治とはつねに一度きりの特有の状況のもとでしか起きないものですから、自然科学の実験のように、実験室で同じ状況を再現して検証してみるというわけにはいかないのです。

最後の章では、個別具体的な文脈を離れて、現在私たちが置かれている歴史的な状況と、そのもとで今後必要とされると思われる民主主義のリニューアル――もしかしたら、本来あるべき姿に戻るというべきかもしれませんが――について論じていきたいと思います。

市民と政治の距離感——「かかわりつつ距離を置く」

ふつうの生活者や市民にとって政治や政治権力、あるいは政治家というのはもともと縁遠い存在です。そういう政治と、どういう距離感でつきあえばいいのか。知事候補を擁立し、米山県政を支える側に回ってみて痛感しているのは、政治家の仕事というのはとにかく複雑でやっかいなものだということです。2章でも述べたように、さまざまな利害をもった有権者の意見を調整しなければなりませんから。

「清濁《せいだく》併せ呑む」という言葉がありますが、私に言わせれば清濁どころか濁濁、汚いもののほうが圧倒的に多い。そうすると、一般の生活者がそこにいつもコミットしているというのは難しいし、不健全なことでもあります。結果、なるべくかかわらないほうがいい、というスタンスにふつうの人は傾きがちです。しかし一方で、汚くて面倒だからといってそれを他人任せにしてしまうと、一部の利害関係者だけが舵取りする政治はどんどん悪くなって、その悪弊はやがてこちらに襲いかかってくるのです。

関与しすぎると飲み込まれるし、放ったらかしにすると襲いかかってくる。政治ってなんて面倒なのかと思います。だから、市民や生活者は、政治に大きな期待を抱きすぎず、だからといってシニシズム（冷笑主義）にもおちいらず、つねにかかわりつつ距離をとるという成熟した関係が求められるのです。

これはまた、先にも述べたように、政治家個人の応援団にならないということとも結びついています。私自身、さまざまな政党の議員とつきあって、もちろん個々にはいい人もいるし信頼できる人もいますが、だからといって、その考えに１００％賛同できるという人はいません。特定の政治家に全幅の信頼を寄せられるというほうが、むしろ不自然なのです。そういう個人的な支持になってしまうと、政治状況が変わったときでも個人に引きずられてしまい、市民として賢明な判断ができなくなります。

欧米では、もちろんすべてではありませんが、一般の人でもかなりの程度、普段から政治家と話をしたり一緒に催しを企画したりといった文化をもっています。政治家自身も普段から市民とそういう活動をともにし、地域の一員として特別扱いされていない。日本の政治家のように冠婚葬祭のときだけあいさつに来るのではなくて、日常のなかで、つねに政治家と市民が一緒に考えるという習慣ができていると感じます。日本でも最近では少しずつ変わってきてはいますが、プロの政治組織と市民社会とが乖離《かいり》して、まるで別々な世界に生きているかのようになっていることが日本政治の大きな問題だと感じます。

政治とは悪さ加減の選択である

こうした政治につきもののジレンマを、「政治とは悪さ加減の選択である」という表現に変えてもいいでしょう。政治家とはたいてい汚いところももっていて、100%信頼できるなどということはありえない。また、政治にはつねにきれいごとではない、妥協や取引きがつきものです。けれども、市民が学ばなければいけないのは、そういう政治でも関与し続けることをあきらめてはいけないということです。関与をやめたら、政治がどんどん悪くなっていってもブレーキをかけられないからです。

でも、この「政治とは悪さ加減の選択である」という言いかたは、あまり受けがよくありません。いまの政治に対し怒っていて、もっといい政治ができるはずだと信じている人ほど、いつか理想の政治が実現すると信じたいのでしょう。それ自体は尊いことです。

でも、過度な期待は、それが裏切られたときの落胆、そして関与すること自体から一挙に手を引いてしまうことにつながりがちです。私が思う成熟した市民と政治の関係とは、いずれの政治家にもあまり大きな期待はかけられない、だけど現実にどちらかを選択する必要があるなら、より「悪さ加減」が少ないのはどちらだろう、と考えるということです。

１００点満点の人がいないのなら、80点なのか、60点なのか。それでも市民としては80点のほうがいいのだ、という姿勢が必要だと思うわけです。

政治や選挙にかかわろうとするとき、「でもね、あの政治家はこういうところがね……」というのは個人個人でかならずあります。あって当然です。でもそんなとき、成熟した市民どうしなら、「でも、どっちが悪さ加減としてましだと思う？」ということを考えあっていくべきだと思います。

社会を進歩させるには時間がかかり、一挙にすべてを変えることはできない。だから少しずつ漸進《ぜんしん》的にことを進めなければなりません。この漸進主義は、いわば保守主義的な立場ですが、これこそが「技《アート》としての市民政治」の出発点にあるものだと思います。

組織を超えて「はみ出る」個人を励ます

もうひとつ、「普段つきあわない人と対話をする」こと。これはシンプルではありますが、非常に大事なことです。

政党もそうですし、労働組合などの組織でも、閉じた組織の中だけでやっていると周囲の世界とどんどん乖離してしまいます。市民運動も同じで、だいたいどこの地域でもそうですが、市民運動をする人の顔ぶれが固定してしまっている。平和の問題でも原発の問題でも、共謀罪でも、揃うのはだいたい同じ顔ぶれでは、やはり広がりが出ません。

では、どうやってその閉じた世界を突破したらいいのか。新潟の場合もとくに画期的なことができたとは思わないのですが、少なくとも政党レベルでは、社民党と共産党の垣根は超えることができました。歴史的に長い葛藤があったわけですから、これは小さくない前進です。

「一人ひとりがはみ出る」ということは前にも書きましたが、個々の組織や政党の内輪の論理からはみ出て外の世界に手を伸ばすということは、結局は個人個人の行動によっているのです。そのときに「はみ出た」ひとりの行動を、周囲が評価して励ますということがとても大事だと経験的に感じています。「あの人は政党の党員なのに、こんなことができた」「あの人は大学の先生なのに、こんなことまでやってくれた」などと認めあい、褒めあって励ますのです。他者の行動について、「あの人は分をわきまえない」「いろいろなことをやりすぎだ」「常識的ではない」などと言って制約をしようとする後ろ向きの気風は、21世紀の市民政治の文化とは異なります。

そこで重要なのは、同じように一人ひとりが「はみ出る」行動によって実現した過去のさまざまな市民運動の成果を、歴史的な経験として想起することだと思います。

私は折にふれて、対人地雷全廃条約の話をしていました。1992年に欧米のNGOが発足させた「地雷禁止国際キャンペーン」（ICBL）が世界的な運動に発展し、96年にカナダのオタワで対人地雷全面禁止に向けた国際会議が開かれて、翌97年に条約が起草されます。日本政府も97年にこの条約に署名し、99年に効力が発生しました。

この条約の出発点は、途上国でそれぞれ異なる活動を展開していたNGOの人々が横につながったことにありました。対人地雷は、紛争が終わった後もその土地に潜み続け、地域の人々の生活を根底から破壊することから「緩慢なジェノサイド兵器」と呼ばれます。そうした深刻な人道問題を克服するためには、それまでの活動や組織を超えて連帯することが必要でした。さらに、国際条約ですから、多くの政府系のアクターが動かなければ実現しません。条約が実現した背景には、カナダやオーストリアといった中規模国家の政治家や外交官たちの活躍もありました。

こうして成立した対人地雷全廃条約は、市民主導による軍縮条約としては世界初であり、国際的な市民社会のネットワークの可能性を示した歴史的なできごとでした。超大国の意に逆らい、その手足を縛るような国際条約を、このような短期間で実現できた背景にはやはり個々の組織から「はみ出た」個人が、与えられた立場や役割を超えて連携したことがあったと思っています。重要な個々の局面で、そうした「個人」が析出《せきしゅつ》することが、奇跡が起こる条件だと思います。

組織内ファシリテーションの大切さ

市民連合のような市民団体もそうですし、各政党の関係者が集まる選挙事務所の中でも、トラブルや揉めごとの種は尽きません。よくあることですが、ささいな人間関係のこじれや、会議で自分のことばかり話す人がいたり、全体の合意をうまくつくれなかったりするだけで、運動はすぐに求心力を失ってしまいます。

私たちの場合、功を奏したと思われるのは、参加者の中にファシリテーションの心得のある方が少なからずいたことです。私自身も、ファシリテーションやマーシャル・ローゼンバーグ（心理学者）の提唱した「共感的（非暴力）コミュニケーション」の教育的な可能性に気づき、2005年から自分の大学でも教育に取り入れてきました。「アクティブ・ラーニング」といった言葉がさかんに使われている現在では、ワークショップ形式の授業なども多くの教育者が経験済みのスキルですが、当時は大学当局からも奇異な目で見られた記憶があります。「学生自身が自分たちで学ぶなんて……先生は教えなくていいのですか」と言われたりもしました。

ファシリテーションとは、「教える」のではなく相手の話を聞き出すことから、双方が気づかなかった新しい知を生み出す技術です。ソクラテスの「産婆術」とも、教育思想家パウロ・フレイレの「被抑圧者の教育」とも通じますが、主役は教える側ではなく学ぶ側です。私はこれを市民（公民）教育と関連づけて、「民主主義的リーダーシップ」のための技法として位置づけています。

ファシリテーションの技術は、教育だけでなく街づくりやアートなど多くの分野ですでに活用されていますが、まだ全体を体系的に整理したものは見当たりません。また、実際に誤解されて流布されている事例も多くあるような気がしています。私はこのファシリテーションの技術を包括的な民主主義の技法のひとつとして、なんとか学問的にも体系化できればと思っていますが、詳細を論じるには別の本が必要になりそうです。ただここでは、この技術が、多様な複数の政治的主体が、その場の限界性を前提としつつも、なんとか共同性や共通認識を生み出すための政治的技術だということを確認しておきたいと思います。

極端に言えば、この技法を上手に使いこなすことによって、たんに教室で効果的な学習が実現できるだけでなく、実社会でも、有意義な会議を運営したり、広範な人たちを巻き込んでひとつのプロジェクトを実行したりといった、ありとあらゆる活力あるコミュニティづくりが可能になります。

一般論として、市民運動の場にはいろいろな人が来ますし、基本的には誰に対しても開かれているべきですから、ちょっと「困った人」がいても排除するわけにいきません。そうした人も含めてどう包摂し、他の参加者も気持ちよく協働できるようにするかが、活動を持続する上では肝になると言っても過言ではありません。活動を真に支えている、目に見えない参加者の気風やモチベーション、ニーズを尊重して、みんなが参加している感覚をもてるように各々の現場でリーダーシップをとる人たちが、ファシリテーションの技術を身につけておくことは大きな助けになるはずです。

「市民」を安売りしすぎない

「市民」という言葉をあまり安売りしすぎないということは、選挙に際して私たちも考えてきたことです。市民というのは、ある意味では誰もが名乗ることができる、便利な反面、注意が必要な言葉でもあるからです。「自分たちは市民だから正しいのだ」と安易に自己正当化に使ってはいけない。

私たちが立ち上げた「市民連合@新潟」は、立憲主義の回復という民主主義の基本中の基本を目標にかかげていましたから、「市民」を名乗るのにも一定の正統性があったと思っています。しかし、県知事選で争点になったのは主に原発の再稼働問題で、これは市民のあいだにも複数の立場がありえます。こういう別次元の問題を「市民」という言葉で無理やりひとまとめにしようとすると、いわば「市民」の安売りになってしまう。現実の「市民」は個別に多様なのですから、この非常に重要な言葉をだらしなく多用していると、その言葉が本来もつ力が失われてしまう。なので、異なるイシューに対しては、新しい争点に沿ってその都度旗印をかかげ、新しい「市民」の組織で結集するほうがいい。そのように考えて、参院選と県知事選では異なる組織（前者は「市民連合@新潟」、後者は「新潟に新しいリーダーを誕生させる会」）にしたのでした。

2　なぜいま、参加民主主義が必要なのか

参加することで市民自身が学んでいく

本書の「はじめに」で、「観客民主主義」と「参加民主主義」という対比をしました。単純化すると、いま日本で起こりつつあるのは、観客民主主義から参加民主主義への移行なのだと思います。

「参加民主主義」という言葉は、政治学の世界では1970年代からすでに存在しています。たとえばキャロル・ペイトマンという政治学者の仕事は有名で、私も学生時代に読んだ記憶があります。ペイトマンによれば、参加民主主義のもっとも重要な点は、そこに参加する主体がそこで学習をすることにあります。つまり、政治に参加した人たちが、参加という実践の過程

で真の学びを積み上げていく。これは、かつて教育学者ジョン・デューイが民主主義教育の要を、まさに「為すことによって学ぶ（Learning by doing）」ことに置いたこととも符合しています。2016年にアメリカ大統領選の予備選挙でヒラリー・クリントンと大接戦をくり広げた自称「民主的社会主義者」バーニー・サンダースも、「選挙は教育の機会であり、有権者が参加しつつ学ぶプロセスである」ということをさかんにくり返しています。彼もまた、有権者の良識をどこまでも信じて語りかける、現代の参加民主主義の主導者だと言えるでしょう。

対して観客民主主義とは、いわば一億総評論家です。「安倍さんもだいぶ乱暴だけど、民進党もだらしないからねえ。まあ、どっちもどっちだから、いまは選挙なんかあまり意味ないな」などと高みから評価を下してみせる態度。たしかにそれは部分的には当たっているのですが、みんながそうして評論しているだけだと、現実の政治は決して変わることはありません。

参加することで得られる知識や世界観と、観客でいるときの知識や世界観とでは大きな違いがあるのです。それは、政治学者である私が今回、ふたつの選挙に参加して痛感したことでもあります。

恥ずかしながら、それまでわかったように学生たちに講義してきたことが、まったく違ったリアリティで見えてきたり、逆にとんでもなく陳腐に見えてきたりするようになりました。考えてみれば、政治学の古典と呼ばれるようなすぐれた政治的著作も、つねに歴史的な状況のなかで書かれています。さまざまな制約がある「現実《リアリティ》」のなかで、しかしありうるかもしれないギリギリの「現実《アクチュアリティ》」を追求していくこと。そういう意味での実践的リアリズム（現実主義）こそが、民主主義を支えるのだと思います。

なぜ日本人はまた広場に出るようになったのか？

日本にもかつて「政治の季節」といわれた時代がありましたが、80年代以降は、ふつうの人々が街頭に出てデモや抗議行動によって意思表示をするということがほとんどみられなくなりました。それがふたたび「広場」へ人々が出てくるようになった契機は、やはり3・11だと思います。

しかし、日本ではたまたま原発事故がきっかけになったとはいえ、この現象はかならずしも日本だけで起きているのではありません。震災と同じ年に中東諸国の「アラブの春」が起き、アメリカでも金融の中枢であるウォール街を占拠する運動が起きました。さらにヨーロッパ諸国、スペインやギリシャなどでも、人々が街頭に出て直接的に訴える運動が活発化しています。世界中で直接民主主義が再評価されているのです。

この要因のひとつに、既存の政党政治（制度的民主主義）の弱体化という背景があると思います。保革の二大政党制をとっていたところでも、新自由主義の波に席巻されて、どちらが保守でどちらが革新なのか、よくわからなくなってしまった。ほとんどの国で、リベラルな政党の支持基盤は労働組合でしたが、かつてのように社員をたくさん抱える工場や大企業から、非正規のサービス労働への移行が進み、労働組合の組織率もどんどん低下しています。そうすると、既存の政党に投票していても自分たちの声は代表されないと感じる人がどんどん増えていく。その結果、自分たちの生活に大きな問題が生じたとき、政党は頼れないので、広場に出て声をあげることが唯一の方法だということになります。

多様性を失った自民党は弱体化している

日本では、かつての自民党は復古主義からリベラルまで幅広い意見を党内にもち、その内部の振れ幅の中で、国民の世論をある程度吸収していくような柔軟性をもっていました。しかし近年では、小選挙区制の導入の結果として官邸の力が強まり、自民党内でも異論を口にできない雰囲気が強まっているといわれます。実際、国論を二分した安保法制についても、自民党内で異議を唱えられたのはごく少数の議員だけでした。

地方でも同様で、たとえばＴＰＰについては、当然ながら「冗談じゃない」という声が農協などには強くあり、自民党の議員もそれを承知しています。しかし、それを自民党の中央に強く訴えられるかというとなかなかできません。「中央の方針に反対するなら次の選挙で推薦を出さないぞ」と脅されれば黙ってしまう。こうした服従のしくみができあがってしまいました。

しかし、そうした強大な権限を官邸が握ったからといって、自民党が強くなったのかというと実は逆です。私の肌感覚でいえば自民党は、とくに地方では、どんどん弱体化している。それはそうです。自分たちの切実な声を中央に伝えてくれない議員なら、有権者にとっても支持するメリットはないでしょう。結果的に、多様性を失った自民党はきわめて脆弱になっているというのが私の見立てです。

このように、党内、組織内の多様性というものは強さになりえます。野党はまとまりがないからダメだという批判がよくありますが、私に言わせれば、いろいろな意見があること自体はまったく悪くない。問題は、その多様な意見をファシリテートして一定の方向にまとめ上げるリーダーシップがあるかどうかです。

広場の声を議会の中へ

これは政党内に限りません。先に述べたような「広場の政治」、すなわち既存の政党や組織のルートを経由して吸い上げられる意見ではなく、多種多様な要求をもった人々が直接的に表明する声をどうやって民主主義のプロセスの中に組み込んでいくか。これが、これからの日本の政治の大きな課題です。

2012年、当時の民主党政権の首相官邸に向かって、脱原発を求める12万人ものデモが「再稼働反対!」と声を上げました。これは間違いなく3・11を経た日本国民の大多数を代弁する声だったわけですが、残念ながらそれを従来の議会政治の中に取り入れていく回路がないまま政府は大飯《おおい》原発を再稼働してしまいました。そして、その後の衆議院選挙では自民党が圧勝し安倍さんが政権に返り咲きました。現在でも世論調査では原発再稼働反対が半数以上を占めるのに、選挙結果ではそれに反する政策の党ばかりが議席を得ているのです。ここに、従来の議会制度と民意との深刻な矛盾が典型的にあらわれています。

こうした矛盾が解消されないままだと、より深刻な不満が蓄積し、よくない形で暴発してしまうこともありうる。そうならないように、政党や政治家は市民のさまざまな動きに伴走し、どれだけその声を吸い上げていけるかが大事になってくると思います。

一方で、私たち市民のほうも、既存の政党をあまり固定的に見ないほうがいい。民進党とはこういう人たちだ、共産党というのはこういう政党だ、と先入観をもって決めつけず、その組織を構成する一人ひとりの資質を見極めて、まず信頼してみることが大事です。

政治家というのは、言ってしまえば、次の選挙で議席をとれるかどうかが主要な関心事です。それはかれらが卑しいからではなく、制度上しかたがないのです。議席を失ったら「ただの人」なのですから。議員がなぜ政党に所属するかといえば、もちろん考えが同じ仲間と行動をともにするというのもありますが、政党が一定の票を約束してくれるからです。そうだとしたら、政党に代わって一定の票を約束してくれる可能性があれば、たとえ党の方針と違っても、その票のほうになびいて態度決定をするかもしれません。

「あなたはこの政策についてどう思いますか。私たちはこう思うので、もし賛同してくれたら次の選挙では応援しますよ」と、試しに政治家に伝えてみることは無駄ではないと思います。案外、話を聞いてくれる可能性はあるはずです。

3　参加民主主義の制度化という課題

タウンミーティング――連携・対話・相互理解・モニタリング

ここからは、これまで論じてきた参加民主主義というありかたを、現実の政治において実現し定着させていくために、どんなことが必要なのかを考えてみたいと思います。

市民が選んだ候補者が選挙で当選する。たとえばそれが国会議員なら、彼女/彼はもう国民全体の利益を考えなければならない「国民代表」ですから、その行動を一地域、一選挙区の有権者がいちいち制約することは望ましくないかもしれません。けれども、一度選んでしまったら後はすべて放っておくというのも無責任です。選挙の後も、選んだ側と選ばれた側が頻繁に対話を続けることは、民主主義にとって有益です。

そのために、まず「タウンミーティング」はとてもよい方法です。この言葉はいろいろな意味で使われますが、もともとは17世紀ごろから、開拓時代のアメリカで、地域住民が集まって自分たちであらゆることを決めるという住民自治の伝統を意味していました。現在の日本では、行政が主導する住民説明会のようなものや、政治家が支援者に対しておこなう国政報告会などもそう呼ばれたりします。あまりにも形式的になると、主催者側に都合のいい質問をさせたり、出席者を多く見せかけるための動員をおこなうといった「やらせ」も起こったりします。こうなると本来の「自治」の意味が逆転してしまいます。

新潟の場合、米山知事は、公約で「一人一人が参加できる県政の実現」として、情報公開と並んで「県内の英知を結集するための、定期的なタウンミーティングの仕組みの創設」をかかげました。タウンミーティングそのものは他の県でも公約にする知事は多く、新潟でも前知事がずっとおこなってきました。しかし、形式的にただ「やりました」というアリバイ的なタウンミーティングではなく、真に住民参加の手段となるような、中身のあるものにしていかなくてはいけません。

2017年8月4日、新潟では第1回目の「新潟学生タウンミーティング」が開催されました。県内の大学生たちが大学を横断して運営委員会をつくり、一定期間、県政の勉強をして質問を

学生タウンミーティングで学生と討論する米山知事（左から２人目）

考え、知事にぶつけるという企画です。学生諸君はおそらく人生ではじめて知事の政策を丹念に読み、それを批判的に検討するなかで学びを深めていきました。そして何よりも、自分たちの所属する自治体や行政についての興味と関心を深めたようです。また一方で、学生諸君の素朴でまっすぐな質問は、知事にとってあらためて基本的な政治姿勢を問われる機会ともなり、会場に傍聴に来ていた社会人やメディア関係者にとっても多くの発見があったと思います。

「市民政治家」と私はあえて呼びますが、政治権力を身に帯びた後も努めてフラットに市民と対話し、その声を聴き、応答し続けるような政治家です。むろん、すべての政治家が自分はそうだと言うに違いありませんが、実質的にそれを十分に実現している例は多くはないと思います。新潟の市民が選び出した2人の政治家は、幸いもともと気さくな性格で、この新しいタイプの「市民政治家」をしっかりと志向されていると思います。一度選出されたら「先生」になってふんぞり返るような古いタイプの政治家は、21世紀にはもう必要ありません。

ちなみに、森ゆうこ参議院議員には、市民連合@新潟との政策協定の中で、このような定期的な対話集会が義務づけられています。「森ゆうこさんと政治をしゃべる会」と題され、これまでに2回開催されてきました。「政治をしゃべる」なかでお互いに学びあうことが目的です。

原発事故に関する新潟県検証委員会の試み――熟議デモクラシーの挑戦

もうひとつ、県知事選での公約に基づいて米山知事が進めているのは、原発に関する新たな検証委員会の創設です。前県政で設置された「原子力発電所の安全管理に関する技術委員会」は、2002年の東電トラブル隠し事件をきっかけとしてつくられ、柏崎刈羽原発での安全管理に加え、東電による福島第一原発事故の原因検証についても、徹底した議論をおこなってき

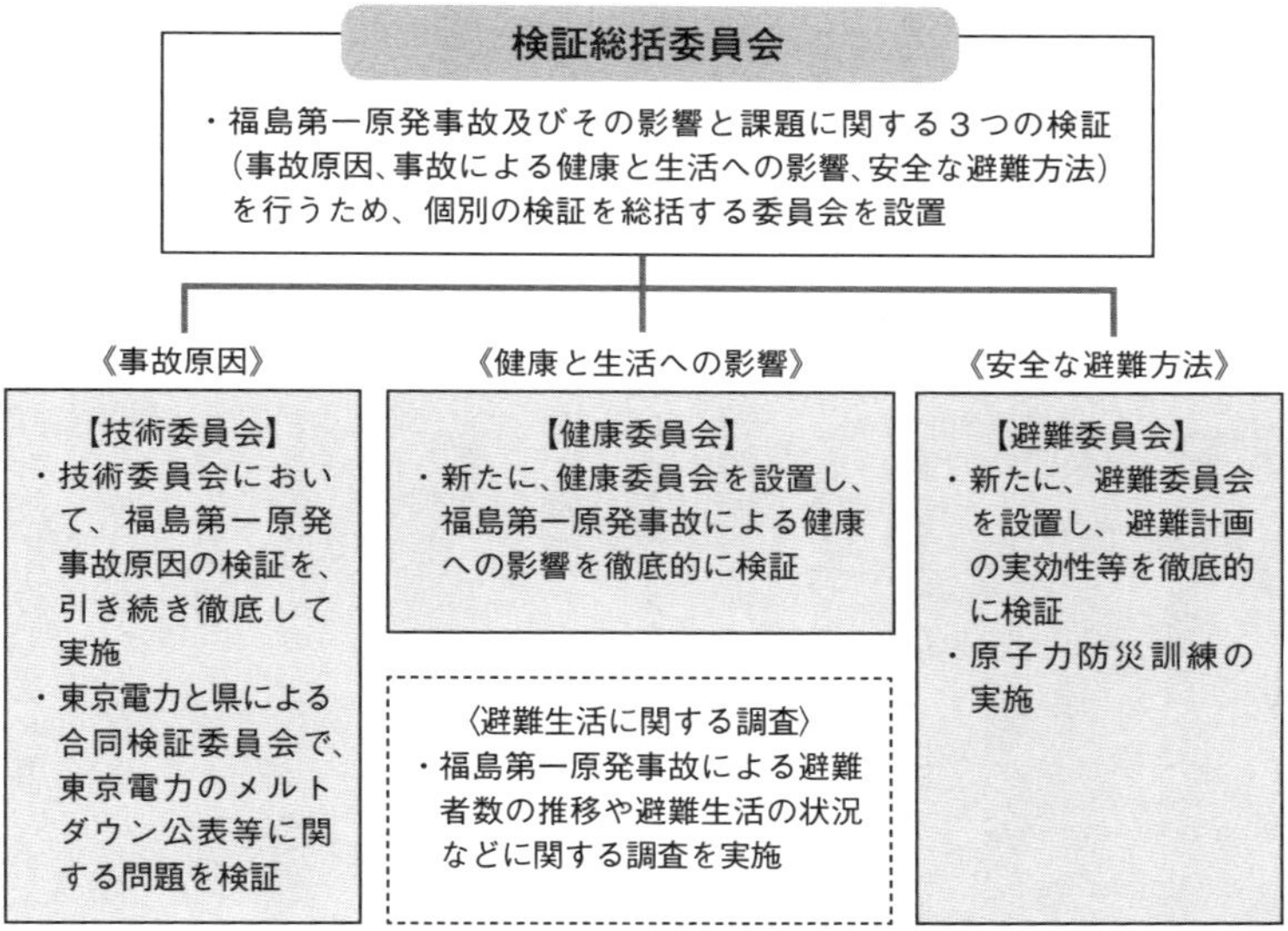
検証総括委員会
・福島第一原発事故及びその影響と課題に関する３つの検証（事故原因、事故による健康と生活への影響、安全な避難方法）を行うため、個別の検証を総括する委員会を設置
《事故原因》
【技術委員会】
・技術委員会において、福島第一原発事故原因の検証を、引き続き徹底して実施
・東京電力と県による合同検証委員会で、東京電力のメルトダウン公表等に関する問題を検証
《健康と生活への影響》
【健康委員会】
・新たに、健康委員会を設置し、福島第一原発事故による健康への影響を徹底的に検証
〈避難生活に関する調査〉
・福島第一原発事故による避難者数の推移や避難生活の状況などに関する調査を実施
《安全な避難方法》
【避難委員会】
・新たに、避難委員会を設置し、避難計画の実効性等を徹底的に検証
・原子力防災訓練の実施

（新潟県ホームページより）

ました。米山県政ではこれをさらに発展させて、原発事故が健康と生活に及ぼす影響の検証、そして万一原発事故が起こった場合の安全な避難方法の検証を徹底して進めていくため、新たに「原子力発電所事故による健康と生活への影響に関する検証委員会」、そして「原子力災害時の避難方法に関する検証委員会」を創設しました。さらに、技術・健康生活・避難というこれら三つの検証委員会の議論をふまえ、全体を総括する「検証総括委員会」も設置しました（図）。

　原発立地自治体による検証の試みはこれまでも見られましたが、自治体が自前の予算でこれほど包括的に検証をおこなう例は、おそらく日本の歴史でもはじめてだと思います。福島第一原発事故の後、「国会事故調」や「民間事故調」など大規模な検証がなされましたが、その後この種の包括的検証はなされていませんでした。しかし、福島原発事故とはいったい何であったのか、原発事故が起こると実際はどうなってしまうのか、さらにしっかりと検証がなされないまま、同じ責任主体である東電のもうひとつの原発を再稼働させる議論をすることはできません。この知事の主張は、誰もが納得できる論理だと思います。

この検証委員会はなぜ重要か。私はかねてより、政治学の中でもとくに「平和」の条件を学問領域を横断する視点から考える「平和研究」の可能性を追求してきました。同じように、原発という複合的な問題領域を横断的に検証するこの検証委員会の試みが、歴史的にも学問的にもきわめて重要であると考えてきました。現代文明最大のメガテクノロジーのひとつである原発について、研究者や市民が時間をかけて徹底的に「熟議」をおこなうという意味で、ここでなされる試み自体が、たんに一県知事の公約であることをはるかに超えた普遍的な意味をもっていると思います。

地元メディアなどはこの検証委員会について、近い将来の原発再稼働の是非を決めるための政治的な文脈のもとでのみ報道しましたが、それよりも私は、この試みのプロセス自体に民主主義にとっての重要な意義があると思っていました。この種の委員会にはつきものですが、委員の選定についても「あの委員は脱原発派だから」等と、議論の内容を事前にあれこれ邪推する向きもありました。けれども、このようにイデオロギーや党派性だけで考えると、むしろこの検証委員会のほんとうの価値が台無しになってしまいます。議論の結論もさることながら、議論のプロセスが重要だからです。民主主義はつねにプロセスの中にあります。

原発への評価についていていろいろな考えがあることは当たり前です。しかし検証委員会はそれを前提として、再度一から検証してみましょうということなので、議論の始まる前から結論が決まってしまうかのような考えをもつとすれば、それはもはや検証や討議そのものの可能性をはじめから否定することになってしまいます。

議論はあらゆる素朴な疑問や観点を排除してはなりません。なるべく多くの分野の専門家、加えて生活者や市民の視点を取り入れるべきでしょう。そこで、できるだけ多くの争点を出し、「熟議」することがこの委員会の使命です。議事は原則公開し、議論された内容はわかりやすく市民に伝えられ、市民間の学習や熟議の材料となる。それが理想だと思います。大切なのは、現代に生きる私たちが、未来世代に責任をもつ覚悟で、原発をめぐるあらゆる問題に関心をもち、この問題をオープンに議論し、じっくり考えぬくということです。

現段階で、この試みが「成功」するのかしないのかはわかりません。今後の私たちの努力次第でしょう。けれども、もし「成功」するのだとすれば、それはこの試みにかかわるすべての関係者が、こういった基本的な文脈を十分に理解し合意することが前提にあると思います。

結びにかえて——ふたたび〈自治〉を考える

「中央集権・周辺分断型社会」から「地方分散ネットワーク型社会」へ

最後に、現実政治のさまざまな問題から少し離れて、私自身が考えるこれからの社会のありかたについて、少々夢を語らせてください。

大きく歴史的な視点から見ると、いま世界が向かっているのは、いままでの中央集権型、もっと言えば「中央集権・周辺分断型」社会から、しだいに地域分散型のネットワーク社会に移行していく方向だと私には見えます。

「中央集権・地方分断型」とは、予算や権限が中央に集中し、周辺に位置する各地域は互いに分断されているシステムです。典型的なのは、地方の原発で電気を作って中央に送るエネルギーシステムでしょう。また、安全保障の分野では、日米同盟や日米安保条約が必要だという国民が多くを占める一方で、国土の0・6％の面積しかない沖縄に米軍基地の約7割が集中しているという「犠牲のシステム」も同じかもしれません。いずれも、中央の安全や便益のために、周辺にリスクや矛盾が押しつけられるという図式です。

これに対して、地方分権を確立して、地方が互いにつながる形が「地方分散ネットワーク型社会」です。これは、いま世界中で進んでいる再生可能エネルギーによる新しい社会づくりに典型的ですが、巨大な拠点を造ってそこに資源を集約するのではなく、地域のあちこちに分散的で自立的な生産拠点があって、それが水平的に連携して、財やサービスを融通しあっていくイメージです。いまようやくそれを本格的に追求すべき時代が来ていると思います。

グローバル化の波の中で、一時的にはむしろ国家の権力が強まったり、各国で一国主義的なナショナリズムが高まったりしているのも、たしかに事実です。しかし、もっと長期的に見るなら、私たちの社会が抱える問題の多くが、ひとつの国民国家が集権的に解決できるという性格のものではなくなっている事実があります。この傾向は、おそらく今後も変わらないでしょう。

これまで、エネルギーの問題も安全保障の問題も、ひとつの地方自治体が考えるのは分を超えていると思われてきました。しかし、明治以来の日本の近代化でできあがった中央集権型の社会は、結果的に福島や沖縄に多くの重荷を背負わせ、「悪いが日本全体のために我慢してくれ」という社会になってしまいました。中心（自分たち）のために犠牲になる存在があっていい。これは換言すれば、広い意味における「植民地主義（コロニアリズム）」の問題であるとも言えます。

それでも過去には、そのことに良心の呵責《かしゃく》を覚え、少しでもこの構造を緩和しようと骨を折る保守政治家も少なからずいたのですが、安倍政権はむしろそこに開き直り、負担を受け入れないなら兵糧攻めにするぞと言わんばかりです。その意味で安倍政権は、歴代の政権の中でもこの植民地主義の問題、つまり他者の犠牲や自己の加害性に関してもっとも鈍感な政権であったと言えます。新潟県知事選の勝利に際しては、沖縄の仲間から真っ先にお祝いのメッセージが届きました。中央集権システムのもとで、もっとも虐げられ重荷を背負わされているのは沖縄です。

戦後、地方自治法によって、国と自治体は上下関係でなく対等の関係に置かれたはずです。しかし安倍政権の沖縄に対する強権姿勢をみる限り、その認識があるとは思えません。戦前・戦後を通じて沖縄が置かれてきた特殊な立場はあるとはいえ、同じように中央の思惑に反する立場をとれば、他のどの地方も、明日は我が身となりかねない。

こうした地方切り捨ての姿勢を目の当たりにする一方で、トリクルダウン、すなわち「地方にもやがてアベノミクス（中央）の恩恵がやってきますよ」などといった甘い言葉を、地方ではもう誰も信じません。いくら待ってもアベノミクスのおこぼれなんて来ることはない。そういう中央への淡い期待や依存を断ち切って、自分たちの地域を自分たちでどうにかする、そのことに一歩を踏み出そうとしているのです。

このような新しい政治の胎動に耳を傾けたとき、それを違う言葉で言いかえれば〈自治〉の時代が訪れたということです。自分たちで自分たちの社会を治めるという、「旧《ふる》くて新しい」分権的な政治イメージです。これまで通り中央の大きな力にお任せしてなんとかしてもらおうというのがいわば「原発型社会」であるとすれば、そのまったく逆が「地方分散ネットワーク型社会」です。

デンマークに学ぶ「エネルギー・デモクラシー」

2017年2月、「デンマークに学ぶ、にいがたの新しい未来」と題して、「おらって　にいがた市民エネルギー協議会」の主催でデンマーク大使と米山知事の対談イベントをおこないました。再生可能エネルギーだけでなく、社会全体のありかたとして、デンマークをモデルにこれからの地方の自立を考えようという試みです。

デンマークは何年にもわたって幸福度世界一の国で、人口は約570万人ですが、一人あたりのGDPは日本の1・5~2倍だそうです。ほとんどの勤め人は夕方早くに帰宅します。プライベートな家族生活を大切にしながら、だからといって貧しさを甘受しているわけでもなく、効率的に仕事をし、一定の経済的な成果をあげています。

一人あたりの生産性が高い。その秘密の一端はデンマークの教育のありかたにあります。個の力と創造性を最大限引き出す実践的な公教育は、もちろん十分な国家予算の裏づけがあります。デンマークはまず「人」に投資するのです。教育にエネルギーを注ぐことで、厳しい市場経済の荒波の中でも生き抜き、小国であっても豊かな福祉社会の維持を可能にしています。

内村鑑三の有名な演説『デンマルク国の話』（1911年）は、いまから100年以上も前に、日本がデンマークと同じように「外なる有限」ではなく「内なる無限」に向かうべきだと指摘しています。

デンマークの話は、私どもに何を教えますか。第一に敗戦かならずしも不幸にあらざることを教えます。〔中略〕第二に天然の無限的生産力を示します。〔中略〕大陸の主かならずしも富者ではありません。小島の所有者かならずしも貧者ではありません。善くこれを開発すれば小島も能《よ》く大陸に勝《ま》さるの産を産するのであります。ゆえに国の小なるはけっして歎《なげ》くに足りません。これに対して国の大なるはけっして誇るに足りません。富は有利化されたるエネルギー〈力〉であります。しかしてエネルギーは太陽の光線にもあります。海の波濤《なみ》にもあります。吹く風にもあります。噴火する火山にもあります。もしこれを利用するを得ますればこれらはみなことごとく富源であります。かならずしも英国のごとく世界の陸面六分の一の持ち主となるの必要はありません。デンマークで足ります。然《しか》り、それより小なる国で足ります。外に拡がらんとするよりは内を開発すべきであります。

（内村鑑三『後世への最大遺物／デンマルク国の話』岩波文庫、1976年）

しかし、その後日本はこの「外なる有限」に向かってがむしゃらに突き進み、侵略戦争という破滅の道をたどりました。1945年の第一の敗戦に続き、2011年の第二の敗戦を経験した私たちにとって、この内村の言葉は、いまふたたびこの国の進むべき道を指し示している

デンマーク・サムソ島で、飯田哲也さんと著者

ように思えます。

またデンマークは、1985年に政府が脱原発政策をとり、現在すでにエネルギー自給率は100％以上、そして2050年には脱化石燃料を国の目標にしています。73年のオイルショックをきっかけにエネルギー自給率を高める取り組みに着手したのですが、その際、北海油田の開発も追い風となりました。しかし、エネルギー自給のために当座効果的な方法を採りながらも、化石燃料にずっと依存するのではなく再生可能エネルギーの開発を強力に推進し、将来油田が枯渇するまでには、すべてを再生可能エネルギーに置き換えようと計画しています。

再生可能エネルギーに置き換えるというの

は、中央集権的なエネルギー供給システムを見直し、地域分散型のエネルギーシステムを構築するということでもあります。地域ごとに自立したエネルギーの循環システムが次々とつくられました。サムソ島の例は有名ですが、市民自身がオーナーである風力やバイオエネルギーによって100%以上のエネルギー需要がまかなわれています。

「エネルギー安全保障」という言葉があります。日本ではオイルショックのときに、まさに「油断大敵」、油が切れるというのは国家的な安全保障にもかかわる問題だという認識が広がりました。その後「資源小国」日本は大きく原子力に舵を切ります。石油をはじめとして有限な資源を確保しておかなければならない、もし資源が偏在しているとすれば、その地域との貿易関係を維持しておかなければならない、さらに場合によっては国家間で奪いあわなければならない。いわゆる「資源ナショナリズム」がここから生まれます。そして、多くの国家間戦争や植民地主義の背景に、このエネルギー資源をめぐる紛争があることは言うまでもありません。

エネルギーのありかたを民主化し、できるだけ地域自立的に循環させるというのは、この「安全」という観点からも新しい地平を切り拓きます。エネルギーを中央集権化することは、有事や危機の際には「全滅」のリスクをともなうことになりますが、地域に分散化することでリスクも分散できます。また、自分たちの「安全」のために、あえて自分たち以外の他者を犠牲にしたりせずに済みます。

デンマークのようにエネルギーを地域分散化することは、さらに、エネルギー以外の社会システムの分権化をもたらします。エネルギーを民主化すると同時に、それによって社会全体のシステムが民主化するダイナミズムをとらえるために、私は「エネルギー・デモクラシー」という言葉を用いたいと思います。

このような「エネルギー・デモクラシー」の方向性は、日本が歩んできた近代化の過程に逆行するというより、それを大きく軌道修正するものだと私は考えています。上からの文明化ではなく、下からの内発的な文明化。私は、明治時代に日本の「文明」のゆくえを論じた福沢諭吉も、もし現代に生きていれば実は同じ主張をしたのではないかと思っています。いわば「近代をやり直す」という壮大なプロジェクトの一環としてエネルギーの民主化を位置づけるべきでしょう。

歴史の分岐点で

私たちはいま大きな流れの中にいます。中央集権・周辺分断型の政治がグローバル化のなかで否応なく機能不全となって、地方が主人公となる新しい流れとぶつかっているのです。グローバル化とローカル化が同時進行する「グローカリゼーション」の趨勢《すうせい》は今後もとどまることがないでしょう。２０１６年の参院選と知事選は、こうした大きな歴史的な流れの中の象徴的なできごとだったと思います。

同じ文脈の中で安倍政権やトランプ大統領も生まれたわけですが、残念ながらそれは新自由主義の最後のあだ花にすぎません。もはや先のない中央集権システムを無理に延命させるために、過去の栄光にノスタルジーを寄せ、古いナショナリズムの幻想をまきちらすしかないのです。でも、それは歴史的に限界を迎えているやりかたですから、どんなに粉飾し、強権で一体化を維持しようとしても、いずれは破綻します。

ただ、私たちが考えなければならない次の問題は、破綻した後のオルタナティブな社会の青写真がまだはっきりと存在していないという問題です。だから時間があまりありません。悲観的になるなら、戦争という破滅の道が見えてきます。私たちがこれまでのように、たんに観客民主主義の住人にとどまるなら、行き詰まった政治は安きに流れ、歴史上くり返されてきたように戦争と暴力に訴えることになります。

しかし、危機が迫った時代に、それを危機として認識できる人間が多く存在すれば、それはむしろ新しい時代への契機（チャンス）にもなるでしょう。危機（クライシス）の語源には「分岐点」という意味があります。数えきれない個々の危機を相互に結びつけ、危機の総体を把握し、適切な克服法を考え、そして行動をうながす。それは現在の学問の役割であり、政党をはじめとする政治的リーダーの役割であり、また私たち市民一人ひとりの課題でもあります。

あとがき

本書を書き終えて、自分が見聞きした政治的経験を記述するという作業が、いかに難しいかということについて考えている。観察者であると同時に参与者でもあるという立ち位置で書かれる文章には、いったいどんな意味があるのか。「高慢と偏見」に満ちた文章であっても、現代の危機を認識する同時代の読者が活動する際に、少しでもヒントになれば幸いである。

本書はまず、「お前の書くものはいつも難しくてわからない」と嘆く父親に読んでもらいたい。父がわかる本であれば、ふつうの生活者であれば誰にとっても比較的わかりやすい本であるということになるだろうから。

小さな本ではあるが、本書を作成する上で、自分の気がつかない論点などを指摘してくださった友人の大内俊介さんには大いに助けていただいた。また、座談会の収録に協力してくださった山口二郎さんや市民連合＠新潟の仲間たちには、私の足りない部分を補っていただいた。そして何よりも、大月書店の岩下結さんのご尽力と才覚がなければ、本書はこの世に存在しえなかった。ここにあらためてお礼を記しておきたい。

２０１７年８月19日

佐々木寛

著者　佐々木 寛（ささき ひろし）
1966年香川県生まれ。新潟国際情報大学国際学部教授（政治学・平和学）。日本平和学会理事。「市民連合@新潟」および「新潟に新しいリーダーを誕生させる会」共同代表として，2016年参議院選挙および新潟県知事選挙で野党統一候補の擁立に貢献。一般社団法人「おらって にいがた市民エネルギー協議会」代表理事として，市民発電事業を通じた持続可能な地域社会の実現にも取り組む。編著に『東アジア〈共生〉の条件』（世織書房），共編著に『「3・11」後の平和学』（早稲田大学出版部），『平和を考えるための100冊＋α』（法律文化社），『地方自治体の安全保障』（明石書店）ほか多数。

装幀　m9デザイン
DTP　編集工房一生社

市民政治の育てかた　新潟が吹かせたデモクラシーの風

2017年11月1日　第1刷発行

定価はカバーに
表示してあります

著　者　佐々木寛
発行者　中川　進

〒113-0033　東京都文京区本郷2-27-16
発行所　株式会社　大　月　書　店
印刷　太平印刷社
製本　中永製本
電話（代表）03-3813-4651　FAX 03-3813-4656　振替00130-7-16387
http://www.otsukishoten.co.jp/

ISBN978-4-272-21118-0 C0031　Printed in Japan